나는 당신

이미 행복이니

나누는 당신이

이미
행복이니

· 광원 환성 지음

아름다운인연

참 부끄럽다.

그간의 삶을 책으로 엮어 보려 하니 드러내 보일만한 그 무엇도 찾아낼 수 없어 부끄럽다.

인생살이 칠십 평생을 돌아보아도, 시줏밥 축내기 반백 년을 들추어 보아도 내세울만한 것이 철저히 없는 꼴이라니…….

이 책은 수필집도 되지 못하고, 산문집도 아니고, 더더구나 법문집도 되지 못한다.

산골 절 주지로 살면서 신도들에게 막연한 의무감으로 매월 보내는 소식지에 게재했던 이야기들을 모은 평범한 글들이다.

이렇게 무엇도 아니어서 부끄러운 글을 굳이 책으로 엮은 이유는 있다.

다수의 신도들의 책으로 내면 좋겠다는 부추김과 수년 전부터 출판 비용 걱정 말라시는 노 거사님의 청을 거절하지 못함이다.

작은 기대도 있다.

단 한 분의 독자에게라도 어느 한 편의 글이 유의미한 메시지가 될 수 있지 않을까 하는 기대다.

그렇게만 되어도 많은 부끄러움을 무릅쓸만하다는 마음이다.

모든 글들은 자기 체험의 말일 수도 있고, 혹은 남의 말들, 다양한 이웃 정보들을 조합하고 윤색한 것일 수 있다고 생각한다.

산승이 조합한 글 가운데 가장 잘 되었다고 생각하는 언어가 있어 들어가는 말에 갈음하고자 한다.

"마음은 모든 일의 근본
세상만사 이놈의 조화라
오늘의 내 모습 이놈의 어제 그림자
오늘의 요동친 마음 내일의 내 모습
한 번 착하면 만 년 행복
한 번 악하면 만 년 불행"

이 기회에 산승이 중이게 해 주신 부모님, 스승님들, 도반, 단월, 그리고 출판의 마음을 끌어내어 주신 노 거사님과 불자 여러분께 감사드린다.

아울러 흐트러진 글들을 잘 편집해 주신 조계종출판사 식구들에게도 심심한 감사의 인사드린다.

세존응화 2641년 정유 입춘절

世宗永平 病衲 光源幻惺 두 손 모음

나누는 당신
이미
행복이니

차 례

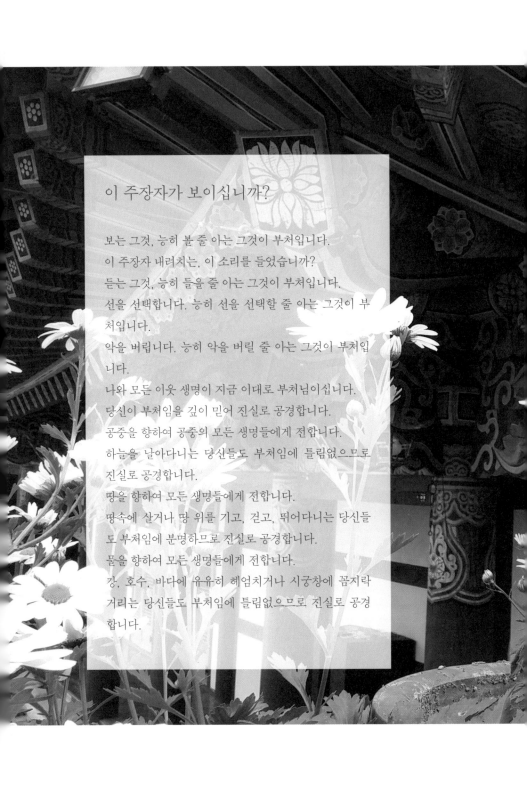

이 주장자가 보이십니까?

보는 그것, 능히 볼 줄 아는 그것이 부처입니다.
이 주장자 내려치는, 이 소리를 들었습니까?
듣는 그것, 능히 들을 줄 아는 그것이 부처입니다.
선을 선택합니다. 능히 선을 선택할 줄 아는 그것이 부처입니다.
악을 버립니다. 능히 악을 버릴 줄 아는 그것이 부처입니다.
나와 모든 이웃 생명이 지금 이대로 부처님이십니다.
당신이 부처임을 깊이 믿어 진실로 공경합니다.
공중을 향하여 공중의 모든 생명들에게 전합니다.
하늘을 날아다니는 당신들도 부처임에 틀림없으므로
진실로 공경합니다.
땅을 향하여 모든 생명들에게 전합니다.
땅속에 살거나 땅 위를 기고, 걷고, 뛰어다니는 당신들
도 부처임에 분명하므로 진실로 공경합니다.
물을 향하여 모든 생명들에게 전합니다.
강, 호수, 바다에 유유히 헤엄치거나 시궁창에 꼼지락
거리는 당신들도 부처임에 틀림없으므로 진실로 공경
합니다.

본래 마음을 회복합시다

부처님께서는 마음은 모든 일의 근본이고 마음의 주인은 자기여서 그 주인이 착함을 생각하면 선행이, 악함을 생각하면 악행이 이루어진다고 하시며 마음 씀의 중요함을 말씀하셨습니다.

또 역대 조사 스님들은 '중생이 곧 부처다', '중생 마음이 곧 부처 마음이다'라고 하셨습니다. 이처럼 불교만큼 마음을 중요하게 여기고 많이 이야기하는 종교도 없을 것입니다. 그래서 불교는 마음의 종교라고까지 하지요.

중생심(衆生心)이 불심(佛心)이고 마음이 부처라면 빈부귀천 남녀노소를 막론한 모든 사람이 마음이라고 마음 하는, 그 마음의 본질에 있어서 동일한 것이란 결론을 얻을 수 있습니다.

저는 모든 존재의 이 동일한 마음을 '본래마음', '부처님', '하느님', '참나'라고 부릅니다. 그럼 그 마음이 어떻게 되면 중생심이 되고, 어떻게 작용하면 부처마음이 될까요?

본래의 마음을 회복하면 부처마음이고, 본래마음을 등지면 중생마음이 되는데 자기를 위하는 마음, 즉 이기심 때문에 본래마음을 등져서 중생이 됩니다. 자기 몸에 얽매인 이기적인 사고를 가지면 탐내고 성내는 어리석음에 덮여 중생마음이 되고, 이타적인 사고를 가지면 무한히 나누고 모두를 사랑하는 지혜가 생겨 부처마음이 됩니다.

불자님들이 "성불하십시오."라고 하는 인사말은 바로 본래마음을 회복하라는 축원의 말입니다. '당신은 부처가 될 수 있습니다', '당신은 이미 부처입니다'라고 하는 말로서 이 세상에 존재하는 어떠한 덕담보다도 덕스러운 최고의 말입니다. 다시 말해서 자기중심적인 삶, 개체적인 삶에서 벗어나 베풀고 사랑하는 이타적인 삶을 살자는 말이며, 모든 존재와 화합하는 일체적인 삶, 공동체적인 삶을 살자는 다짐입니다.

불자 여러분, 여러분은 이제껏 어떤 삶을 살아왔습니까? 또 앞으로는 어떤 삶을 선택할 것입니까? •BTN 〈3분 설법〉 중

종자불실
種子不失

금년 여름의 폭염은 아마도 금세기 최고의 폭염으로 기록될 것입니다.

한국 사람들 찜질방 좋아하니 하느님께서 온 세상을 찜질방으로 만들어 주시려는 것이라며 우스갯소리로 더위를 이겨 보려는 사람들도 있을 지경입니다.

이 살인적인 폭염에 열대식물인 연꽃은 오히려 자기들 세상인 양 더 오랜 기간 소담스럽게 피어 있는 것을 보면서 세상만사 절대적으로 좋거나 나쁜 게 있지 않음을 깨닫습니다.

사람 관계도 그렇습니다. 나에게는 무척 귀찮고 만나고 싶지 않은 사람인데 어떤 사람에게는 없어서는 안 될 존재인 경우를 우리는 많이 보아 잘 아는 사실입니다.

이러한 이치를 달관한 사람이라면 그를 군자라, 도를 아는 사람이라 불러도 지나치지 않으리라 생각해 봅니다.

산승은 비교적 자연을 사랑하고 꽃을 좋아하는 편이다 보니

나누는 당신, 이미 행복이니

그 속에서 유익한 발견을 종종 하게 됩니다.

전국에 알려진 구절초 꽃 축제 역시 토종 야생화를 좋아해 가꾸던 중 구절초 꽃의 고요한 아름다움이 사람의 마음을 순화시키는 마력이 있음을 알게 되어 시작하게 되었고, 불교를 상징하는 꽃이라 매년 많은 임대료를 감당하면서 빌린 논 삼천 평에 연꽃을 가꾸면서 연은 전체가 불교교리 덩어리임을 사무쳐 알게 되었습니다.

연은 뿌리, 잎, 꽃대(줄기), 꽃, 연밥(씨앗) 등 전체가 불교의 여러 교리와 완전 부합되는 신비의 식물입니다.

세상의 여러 종교에는 그 종교의 가르침을 상징하는 꽃이나 사물이 없는데 유일무이하게도 불교에만 상징화가 있지요.

그 이유는, 부처님의 가르침은 숭배를 요구하는 일도 없고, 권선징악이나 윤리적 가르침보다는 부처님께서 보신 세상의 이치를 설파한 것이어서 삼라만상 어느 것에나 불교의 교리를 대비시킬 수 있기 때문입니다. 특히 연이 지니고 있는 다양한 이미지 하나하나가 모두 불교교리와 완전 부합되기 때문에 상징화라 불리게 된 것이지요.

연근을 잘라 보면 아홉 개의 구멍이 있는데 이는 극락세계에 왕생하는 중생들의 공덕에 따라 앉게 되는 아홉 단계의 연화대(九品蓮臺)가 있음을 상징합니다. 또 연잎은 넓어서 능히 양산으로 쓸 만한데 부처님의 가르침은 일체중생의 번뇌 열기를 식혀 주는 그늘과 같음을 상징하며, 꽃자루와 잎자루(줄기)가 하나이고 곁가지가 없으며 하나의 꽃, 하나의 잎을 피우는 것은 이 세상에 다양한 종교 사상이 있지만 궁극적으로는 모두 부처를 이루게 되는 오직 한 길임을 상징합니다. 그리고 흙탕물에도 결코 물들지 않는 잎과 꽃의 깨끗한 성질(절대청정성)은 선악미추(善惡美醜)에 물들지 않는 모든 중생의 본래 마음을 상징합니다.

연밥(씨앗)은 세 가지나 되는 불교적인 이미지를 지니고 있습니다.

연은 꽃이 필 때 씨앗이 함께 있는데(花果同時) 원인과 결과는 동시(因果同時)에 결정된다는 불교의 교리와 같습니다.

한편 대개의 식물들은 꽃이 져야 열매를 맺게 되는데 연은 꽃봉오리가 생길 때 씨앗도 함께 생겨 불교인들의 경우 연은 본래 씨앗이 있다고 인식합니다. 이는 일체중생에게 본래 부처종자(깨닫는 성질)가 갖추어져 있는 것과 같습니다.

마지막으로 연 씨앗은 영원히 썩지 않고 반드시 싹을 틔우는데 사람이 한 번 일으킨 마음은 절대로 없어지지 않고 언젠가는 반드시 현실화된다(種子不失)는 인과응보(因果應報)의 사실을 상징합니다.

이렇듯 연은 전체가 불교의 이치 속에 있습니다.

그러면 종자불실의 교리와 부합되는, 씨앗이 영원히 썩지 않고 반드시 싹을 틔운다는 사실을 좀 더 자세히 살펴보겠습니다.

식물의 씨앗이 영원히 썩지 않는다는 말을 믿을 사람은 아마 한 사람도 없을 것입니다. 그래서 먼저 인터넷 지식에 '연 씨앗

나누는 당신, 이미 행복이니

은 화석에서도 싹이 튼다 할 정도'라고 되어 있음을 소개해 드립니다.

연의 본고장인 동남아 지방에서는 연은 영원히 죽지 않는다고 믿기까지 한다는 사실도 소개합니다.

우리나라에서도 2010년에 경남 함안군 고려시대 석성(石城) 보수 공사 현장에서 발견된 연 씨 세 개 – 화학 반응으로 700년 이상 된 것으로 확인 – 를 심어 꽃이 핀 사실이 언론에 대서특필된 적 있습니다. 또 일본에서는 1951년에 2,700년 이상 된 연 씨앗이 다량 발견되어 꽃을 피운 기록이 있기도 합니다.

보통 식물의 씨앗은 일이 년이 지나면 생명력을 잃게 되어 종자로는 쓸 수가 없는데 연 씨는 건조한 데 놓이거나 깊이 묻혀서 싹을 틔울 조건이 맞지 않으면 천 년이건 만 년이건 생명력을 간직한 채로 있다가 토양, 습기, 온도 등 조건이 맞으면 여지없이 싹을 틔우는 신비롭도록 놀라운 성질을 가지고 있습니다.

앞에서 언급한 대로 부처님 가르침 가운데 '종자불실'이라는 말씀이 있는데 여기에는 두 가지 의미가 있습니다.

'종자'란 중생의 마음을 뜻하는데 중생의 마음은 영원히 소멸되지 않고 수행이라는 조건을 충족시켜 주면 반드시 부처를 이룬다는 것이 그 하나요, 또 하나는 중생이 선이든 악이든 마음을 일으키면 일으키는 족족 마음종자가 되어 천 년, 만 년이 지나더라도 그냥은 없어지지 않고 조건이 갖추어지면 반드

쉴 사이 없이 일으키는 생각 생각이
낱낱이 하나하나의 종자가 되어
자신이 거두게 될 것이 분명한데
어떠한 종자를 만드시겠습니까?

시 선인선과(善因善果) 악인악과(惡因惡果)로 현실화된다는 것입니다.

원인이 있고 조건이 있으면 반드시 결과가 있는 것이 우주의 엄연한 철칙이지요.

흔히 말하는 '인연'이라는 말의 인(因)은 원인, 씨앗이고, 연(緣)은 도우미, 조건을 의미합니다.

이 우주 전체, 즉 정신적·물질적인 것 어떠한 것도 이 인연의 법칙을 벗어나서는 존재할 수 없지요. 그러니 원인도 잘 지어야겠고, 조건도 잘 갖추어야 할 것입니다.

이렇게 연의 종자와 중생의 마음종자는 반드시 결과물을 낸다는 같은 성질을 가지고 있습니다.

자! 그럼 묻겠습니다.

불자님들이 쉴 사이 없이 일으키는 생각 생각이 낱낱이 하나하나의 종자가 되어 자신이 거두게 될 것이 분명한데 어떠한 종자를 만드시겠습니까?

물론 좋은 종자를 만들어야 하겠지요.

좋은 것, 좋다는 것은 과연 어떤 것인가요?

나도 기분 좋고 모든 이웃도 기분 좋은 것, 나도 이롭고 모든 이웃도 이로운 것이지요.

나만 기분 좋거나 몇몇 사람만 기분 좋고 이로운 것은 완전한 좋은 일이 아니지요.

부처님께서 말씀하시는 이웃이란 사람만이 아니라 이 세상에 존재하는 유정무정 모든 존재를 의미합니다. 납득하기 어려우시겠지만 엄연한 사실이니 그렇게 아셔야 합니다.

이 모든 존재의 가치는 우열이 없고 절대 평등하다는 부처님의 깨달음은 과학적으로나 철학적으로나 그 무엇으로도 증명될 수 있는 사실입니다.

불자 여러분! 그동안 한량없는 세월 속에 별의 별 삶을 살아오면서 온갖 고통을 겪어 왔습니다. 그 까닭은 아무 생각 없이 마음종자를 마구 만들어 냈거나 자기 좋을 대로만 만들어 냈기 때문입니다.

종자불실의 가르침을 들은 지금부터는, 진정한 불자가 된 지금부터는 마음종자를 의도적으로 만들어야 합니다.

싹이 텄을 때, 즉 현실화되었을 때 나도 기분 좋고 우주의 모든 이웃들도 기분 좋을 종자, 나도 이롭고 우주의 모든 이웃도 이로울 종자를 철두철미하게 기획해서 만들어야만 합니다.

그러실 수 있다면 불자님들은 그 순간부터 행복자임을 스스로 알게 될 것입니다. 그렇게 계속 하실 수 있다면 불자님은 이미 부처님이십니다.

'나무아미타불' 육자염불 수행 또한 좋은 종자를 만드는 일입니다.

좋은 종자 만드는 일 부지런히 하시길 간절히 희망합니다.

• 2012년 8월 9일

마음을
밝힙시다

　　초파일이 얼마 남지 않으니 온 도량과 거리가
연등으로 장엄될 부처님 오신 날이 그리워집니다. 불자님들께
서는 금년 부처님 오신 날 어떤 마음가짐으로 등을 밝히시려는
지요.

　　부처님이나 부모님께 감사하는 등도 있겠고, 다생겁래(多生
劫來)로 저질러 온 모든 악업을 참회하는 참회의 등, 스승이나
은인, 이웃 친지들에게 보은하는 보은의 등도 있을 것입니다.
또한 건강 발원의 등, 소원 성취 발원의 등……, 이런저런 여러
의미와 발원의 연등에 온 정성을 담아 부처님께 올리겠지요.

　　이것 모두 훌륭한 의미의 등 공양으로서 불자님들의 업장은
모두 소멸되고 소원은 모두 원만히 성취될 것입니다.

　　하지만 산승은 모든 불자님들께 간곡히 권청하고자 합니다.

　　금년 초파일에는 다 함께 오직 마음을 밝혀 참마음을 회복하
고자 하는 서원의 연등 공양을 올리도록 하십시오.

　　　　　　　　나누는 당신, 이미 행복이니

중생의 불행은 한량없는 세월 속에서 참마음을 가리는 일(악업)을 저질렀기 때문입니다.

태양은 본래 밝은 빛을 발산하지만 구름 앞에는 용맹이 없는 것과 같이 중생의 마음이 본래 부처이지만 무명(無明)의 구름에 덮여 중생살이를 거듭하는 것입니다.

마음이 어둠에 정복당하면 불행이 있을 뿐이요, 마음이 어둠을 정복하면 영원한 행복이 있게 됩니다. 행복을 두고 불행의 길을 선택하시지는 않겠지요.

마음의 어둠이란 무엇이겠습니까?

다름 아닌 탐욕이요, 성냄이며, 어리석음입니다.

소위 말하는 탐(貪)·진(瞋)·치(癡) 삼독(三毒)의 구름은 어째서 생기는 것입니까?

'나', '내 것'이라고 여기는 이기심에 의존하여 삼독의 먹구름은 일어납니다.

태양을 가리는 구름은 대기의 변화에 의하여 객관적이고 자연적으로 발생하는 것이지만, 사람의 본래마음을 가리는 삼독의 먹구름은 지극히 인위적이고 주관적인 것입니다.

이기심은 아상(我相)에서 비롯됩니다.

아상! '나', "'나'가 있다', 이러한 인식은 중생의 착각입니다.

부처님은 "'나'가 없다', 아무리 생각해 봐도 "'나'라고 할 만한 그 어떤 것도 존재하지 않는다'고 가르치십니다.

눈, 귀, 코, 혀, 살갗, 힘줄, 터럭, 뼈, 골수, 내장, 정신, 그 어느 것도 '나'가 아니며 몸과 정신을 다 합친 것도 '나'라고 할 존재가 못 된다 하십니다.

눈이라 할 때 눈 자체로서 혼자 존재할 수 없기 때문입니다. 하나의 눈이 있기 위해서는 수많은 요소와 조건들이 조합되어야 하고, 그 수많은 요소들 또한 낱낱이 수많은 요소와 조건들의 조합일 뿐, 독립적인 실체로서 존재하지 않기 때문입니다. 정신 또한 육근(六根) - 눈·귀·코·혀·몸·뜻 - 과 주변 경계가 만들어 낸 그림자일 뿐, 그 실체적 존재는 없기 때문에 '나'가 없다고 하는 것입니다. 그런데 중생은 '나'가 있는 줄 알고, 그 '나'에 집착하고, 그 '나'에게 이롭다고 느끼는 방향으로만 생각하고 행동합니다.

탐욕의 먹구름은 아상인 '나'를 위하여 무엇인가를 충족시키려는 욕구에 의해 일어나게 됩니다.

가지려고 욕심내고 노력해도 잘 안 되니까 성질을 부리는 진에(瞋恚)의 먹구름이 일어나고, 탐욕하고 성질부려도 안 되니 온갖 비도덕적·비양심적인 방법을 동원하는 우치(愚癡)의 먹구름을 초래하여 육도윤회(六道輪廻)의 한량없는 고통을 거듭하는 것입니다.

태양을 가리는 먹구름은 기상 변화에 따라 자연적으로 생기기도 하고 없어지기도 하지만, 참마음을 가리는 삼독의 먹구름은 중생이 알게 모르게 스스로 만듭니다.

인위적으로 만들어진 삼독이라는 먹구름은 거두어 내려는

노력이 있어야 비로소 없어집니다. 그 노력이 바로 수행입니다.

수행을 위해서는 한 가지 믿음과 세 가지 요건을 갖추어야 합니다. 한 가지 믿음이란 나의 마음은 본래 광명이라는 사실, 즉 내가 부처임을 믿는 것입니다.

그리고 갖추어야 할 세 가지 요건은, 첫째, 지금까지 저질러 온 모든 악업에 대하여 삼보님께 지극한 마음으로 참회를 구해야 합니다. 둘째, 나와 더불어 일체중생의 마음을 밝히겠다는 서원을 세워야 합니다. 셋째, 서원을 이룰 때까지 멈추지 않고 정진하는 일입니다.

구름이 있거나 없거나 태양은 항상 광명 자체로 있듯이, 삼독의 먹장구름이 아무리 두텁게 쌓였어도 나의 참마음은 부처님의 지혜로 빛나고 있기에 밝힐 수 있는 것입니다.

불자 여러분, 금년 초파일에는 모두 자기 참마음을 밝힐 서원의 등을 부처님 전에 고이고이 공양 올립시다.

참마음을 밝히지 못한다면 이웃의 행복은 물론 자신의 행복도 있을 수 없기 때문입니다.

참마음의 세계에는 '나'와 '너'가 없습니다.

참마음의 세계에서 우리는 오직 하나일 뿐입니다.

그러니 행복이 넘칩니다.

금년 초파일엔 참마음의 세계를 위하여 우리 모두 마음을 밝히는 서원의 등 공양을 올립시다. •2007년 5월 19일

이미
부처님이시니

불기 2560년 부처님 성도를 기념하는 이 뜻깊은 법회에 함께하시는 모든 분들을 무한히 존경하고 받들겠습니다.

여러분들은 남녀노소 신분 여하를 막론하고 모두 부처님이심을 깊이 믿기 때문입니다.

모든 이웃 생명을 무한히 존중하고 그들의 행복을 도와주겠습니다.

이웃 생명의 종류와 생김생김은 각기 다르지만 그 본바탕은 완전한 부처님이심을 깊이 믿기 때문입니다.

망각하지 마십시오. 이 법회의 사부대중들을 포함한 모든 이웃 생명들이 부처님이심을 절대로 망각하지 마십시오.

2,600여 년 전 인간 싯다르타는 많은 사람들의 선망의 대상이었으며, 누구나 쟁취하고자 했던 최고의 권력을 지녔습니다. 그러나 싯다르타는 이미 정해져 있는 국왕이란 권좌를 다 떨어

나누는 당신, 이미 행복이니

진 헌신짝처럼 한 점 미련 없이 버리고, 나고, 늙고, 병들고, 죽는 생명계의 네 가지 근본 고통과 사랑하고 아끼는 것들과 반드시 헤어지는 고통, 밉고 싫어하는 것들과 함께할 수밖에 없는 고통, 원하는 대로 이루어지지 않는 고통, 몸과 마음이 욕망하는 끊임없는 번뇌의 괴로움 등 일체의 고통에서 벗어난 진정한 행복, 일체중생의 조화롭고도 영원한 행복의 세계를 꿈꾸면서 출가하여 수행자가 되셨습니다.

육 년간의 상상을 극하는, 난행·고행도 마다하지 않는 수행을 통하여 35세 끝자락인 12월 8일 새벽, 찬연히 떠오르는 샛별을 보는 순간 드디어 일체의 속박으로부터 벗어나 대해탈자유인이 되셨습니다. 일체의 고통으로부터 벗어나 대행복자가 되셨습니다.

소위 우주의 대진리를 완벽하게 깨달아 부처님이 되셨다고 말하는데 사실 '깨달았다', '부처 되었다' 하는 표현은 부처에 대한 정확한 표현이 아닙니다.

산승은 '자기가 부처임을 확인했다', '망각되었던 본래부처를 회복했다' 이렇게 표현합니다.

어쨌든 깨닫자마자 하신 말씀은 이렇습니다.

'신기하고 기특하도다! 일체중생이 본래 부처종자를 갖추고 있구나! 나는 이미 이룬 부처요, 나머지 생명들은 앞으로 이룰 부처로다!'

유사 이래 전무한 싯다르타의 이 깨달음, 일체중생이 부처라는 이 선언이야말로 석가모니를 우주 최고의 스승으로 기록하게 한 큰 사건인 것입니다.

싯다르타의 이 위대한 깨달음의 선언으로 말미암아 그 누구도 보지 못했고 영원히 확인할 수도 없는 허구의 신, 가상의 신에게 구원을 구걸하던 인류는 가장 확실한 구원의 메시지와 무한한 가능성, 그리고 희망을 얻게 된 것입니다.

2,600여 년을 매년 봉행하고 있는 성도재일 법회는 유사 이래 가장 괄목할만한 사건, 일체중생의 중생성이 한순간에 소멸되어 동시에 성불하게 된 이 행복한 사건을 기념하고 자신이 이미 부처임을 자각하는 축전입니다.

이 법회를 통하여 자신이 부처요, 일체중생이 부처종자라는 사실을 깊이 인식해야만 합니다.

자기가 본래부처요, 이웃 생명들이 부처라는 분명한 자각이 있어야만 합니다. 그리하여 이후의 삶은 부처의 삶이 되어야만 합니다.

설령 그런 인식, 그런 자각이 없더라도 일체중생이 부처라는 정보를 들은 이상 사부대중 모두 부처를 지향하게 될 것입니다.

중생의 유전자는 불성종자이기에 그렇고, 모두 부처로부터 왔기에 귀소 본능적으로 부처를 지향하면서 본고향으로 갈 수밖에 없기 때문입니다.

그러면 부처종자란 어떤 것인가를 자각토록 도와드리겠습니다.

나누는 당신, 이미 행복이니

산승의 안내를 따라 주시기 바랍니다.

자세를 가다듬고 반듯하게 앉습니다.

눈은 가볍게 감습니다.

숨을 깊이 들이쉬면서 들숨을 온전히 알아차리고, 숨을 길게 내쉬면서 날숨을 온전히 알아차립니다.

들숨·날숨을 한순간도 놓치지 아니하고 온전히 알아차립니다.

계속하여 들숨·날숨을 온전히 알아차리면서 내 안에 탐욕심이 있음을 자각합니다.

내 안에 탐욕심을 온전히 비워 버립니다.

내 안에 성냄 있음을 자각합니다.

내 안에 성냄을 온전히 비워 버립니다.

내 안에 우월감 있음을 자각합니다.

내 안에 우월감을 온전히 비워 버립니다.

내 안에 열등감 있음을 자각합니다.

내 안에 열등감을 온전히 비워 버립니다.

내 안에 잘남 못남, 예쁨 미움, 유식 무식, 돈 있음 없음, 권력 있음 없음 등 온갖 차별심 있음을 자각합니다.

내 안에 온갖 차별심을 온전히 비워 버립니다.

내 안에 거짓과 위선 있음을 자각합니다.

내 안에 거짓과 위선을 온전히 비워 버립니다.

이 모든 탐냄, 성냄, 어리석음을 온전히 비워 버린 곳에 편안함, 진정한 행복이 있음을 자각합니다.

행복한 지금 들숨·날숨을 온전히 알아차립니다.

이때 들숨·날숨을 알아차릴 줄 아는, 아는 이것이 부처종자입니다.

볼 줄 '아는 것', 할 줄 '아는 것', 아픈 줄 '아는 것', 행복한 줄 '아는 것', 이것이 부처종자임을 분명히 아십시오.

'아는 것' 아는 이것이 무엇인가를 사무치는 것은 각자 여러분의 몫입니다. 그것은 누가 일러줄 수 없는 것이고 배워서 알수 있는 것이 아닙니다.

"'아는 것' 이것은 무엇인고?"

불자들의 인사말은 '성불하십시오', '성불합시다' 입니다.

세상의 인사말이나 덕담 가운데 가장 아름답고 가장 좋은 말입니다. 이보다 더 좋은 덕담, 인사말은 없습니다.

부처님은 최고의 사람, 최고의 행복자이기에 그렇습니다.

부처님이 되어야 바른 안목을 갖추게 되어 인생의 참의미를 알게 되고 바른 삶을 살 수 있게 되기 때문입니다.

바른 안목, 바른 삶이 아니라면 절대로 행복할 수 없기에 부처가 되어 진정한 행복을 얻으라는 덕담이니 최상의 인사말이라 하는 것입니다.

나누는 당신, 이미 행복이니

중생의 안목으로는 인생의 참의미를 알 수 없기에 하는 일마다 고통을 초래하게 되고 육도윤회의 고통을 거듭하게 됩니다.

'성불하십시오', '당신은 부처님이십니다'. 이러한 덕담을 생활화하면 좋겠습니다.

중생일 때의 탐욕이 깨달은 후(성불하면)에는 모든 능력, 역량을 일체중생의 이익을 위하여 나누는 보시로 바뀝니다.

중생일 때의 성냄이 깨달은 후(성불하면)에는 일체중생을 편안케 해 주는 조건 없는 자비로 바뀝니다.

중생일 때의 어리석음이 깨달은 후(성불하면)에는 인과의 철칙을 따르는 삶으로, 일체중생을 깨달음으로 이끄는 지혜로 바뀝니다.

욕심, 욕망은 모든 것을 이루어 내는 꼭 필요한 것이지만 자기중심적인 중생의 욕망은 탐욕이 되어 자신과 모든 이웃을 지옥으로 밀어 넣고, 깨달은 자의 욕망은 이웃 중심의 원력이 되어 자신과 모든 이웃을 극락으로 이끕니다.

지옥과 극락의 선택은 각자 자기의 문제이고, 순전히 자기 자유이며, 자기 의지 여하에 달려 있습니다.

자, 이제 선택하십시오!

여러분은 '이미 부처'이니 선택을 잘할 것입니다.

• 2016년 1월 17일, 성도재일 기념 법문

나무를
보라

나무 속에는 불의 놀라운 성품이 들어 있는데 분석해서 찾아 보면 불의 모양을 볼 수 없다. 그렇다고 실제로 나무 가운데 불의 성품이 없는 것이 아니어서 나무를 서로 비벼서 구하면 반드시 불이 나타나게 된다.

중생의 한 마음도 역시 이와 같아서 모든 상을 분석해 보아도 심성을 찾아 얻을 수 없지만, 그 실은 모든 법상(法相) 가운데에 마음이 없지 않으니 도를 닦아 구하면 일심(一心)이 나타나기 마련이다.

이 글은 신라 시대 제일의 성인으로 추앙받던 원효 성사께서 지으신 『금강삼매경론(金剛三昧經論)』에 있는 말씀이다.

다시 풀어서 말해 보자. 나무가 땔감으로 쓰이고 나무에서 불이 일어난다 해서 나무 자체를 불이라고 부르지는 않는다. 더구나 불의 성품(불씨)이 어디에 숨어 있는가 찾으려고 나무를

나누는 당신, 이미 행복이니

쪼개고 가루 내어 분석해 보아도 불씨는 찾을 수 없다. 성냥불이나 가스 불을 빌려야 비로소 나무 속의 불 기운이 나타나는데 옛날에는 나무를 서로 오랫동안 빠른 속도로 비벼서 불을 일으켰기에 원효 성사께서는 나무를 비벼 불을 얻는 노력을 수행하여 도를 얻는 데 비유하셨고, 나무 속에 불의 성질이 잠재되어 있듯이 중생의 성품 속에도 이미 부처의 성품이 잠재하여 있음을 깨우쳐 주고자 하셨다.

나무에 대하여 한 가지 더 생각해 보자. 나무는 형형색색의 꽃도 피우고, 열매도 맺으며, 파란 잎사귀도 피운다. 그러나 한겨울에 배꽃이 보고 싶다며 나무를 잘라 내고 겉껍질부터 속까지 파헤치고 삶아 보아도 배꽃은 얻어 볼 수 없다.

잎과 꽃은 피어날 시기와 조건이 되어야 피어나고, 열매도 그 과정을 거쳐야 비로소 달고 향기로운 결실을 얻게 된다.

이제 겨울이다. 나무는 시원한 녹음과 형형색색의 꽃, 그리고 풍성한 과일과 곱던 단풍을 선사하고 공치사 한 번, 미련 하나 남기지 않고 훌훌 털어 버린 채 알몸으로 서 있다.

새봄을 맞는 그날까지 알몸으로 서서 보내는 메시지를 과연 누가 아는가.

만물은 길고 혹독한 추위를 이겨낸 공덕으로 힘찬 싹을 틔울 것이고 곧 각자 특유의 색깔을 뽐내며 꽃을 피울 것이다. 그리고 사람들은 늘 그러던 대로 신선한 풀잎에, 아름다운 꽃들에 취하고 빠질 것이다.

하지만 불자여!

불자는 이제 다른 안목으로 만물을 대할 줄 알아야 한다.

나무 속에 불의 성품이 있음을 보아야 하고, 아름다운 꽃의 성품이 있음을 꿰뚫어야 하며, 불을 일으키고 열매를 맺는 과정을 보아야만 한다. 나무에서 불을 꺼내려면 건조시켜야 하고, 불이 일어날 때까지 쉼 없는 마찰의 노력이 필요함을 알아야 하며, 아름다움과 풍요를 한껏 선사하기에 이른 나무들의 생명운동을 느낄 줄 알아야 하고, 참고 기다리는 인내와 순리를 따르는 겸허를 배워야 한다.

홀홀 떨어 버린 나목에게서 비움의 즐거움을 터득해야 한다.

불자가 이렇게 될 즈음에야 비로소 이웃의 아픔을 함께 아파할 수 있게 되고 이웃의 성공을 흔쾌히 긍정하며 힘 안 들이고 얻고자 하는 어리석음에서 헤어날 수 있게 될 것이다.

불자가 이렇게 되어야 부처님께서 고구정녕(苦口叮嚀)히 이르신 자기 안에 있는 자기부처를 보게 되고 꺼내서 자재롭게 쓸 수 있게 되리라.

원효 성사께서 이르신 일심의 나타남도 마찬가지이다. 마음이라는 것이 자기와 더불어 뒹굴며 항상 움직여 쓰는 가운데 있지만 찾아 얻으려 하면 얻을 수 없다. 그렇지만 손가락 하나 움직이는 것이나 사량분별(思量分別)하는 것을 떠나서도 찾을 수 없는 것이니 그 일심을 어떻게 해야 볼 수 있겠는가.

불을 얻기 위하여 나무를 비비듯이 맹렬하고 끈기 있게, 한

떨기 꽃을 피우는 나무가 긴 겨울을 참아 내듯이, 염불을 하든 참선을 하든 한 가지 길을 선택하여 일심을 보는 그날까지, 금생에 되든 내생에 되든 되는 그날까지 길을 바꾸지 말고 정진에 정진을 거듭하라.

일심을 보지 못하고는 사람 된 보람을 맞을 수도 없고 진정한 행복도 얻을 수 없으니…….

나무를 보라. •2009년 11월 24일

낙엽은
뿌리로 돌아간다

사계절이 뚜렷한 한국, 계절 따라 각기 다른 정취를 흠뻑 느낄 수 있어 정서적으로 비교적 좋은 품성을 가지게 된다는 우리나라도 근래 몇 년 새로 봄과 가을이 완연히 줄어들어 봄인가 하면 어느덧 여름이 덮쳐 사계절 자랑이 무색할 정도입니다.

금년 가을도 성급하게 달려든 추위에 힘없이 떠밀려 가는 것 같아 울긋불긋하던 단풍이 가엾게 느껴지기까지 합니다.

그러나 가을이 짧기는 짧지만 그래도 분명히 보여 주는 것이 있습니다. 바로 '무상(無常)의 법칙', '인생무상(人生無常)의 법칙'!

'정신적인 것이거나 물질적인 것이거나 이 세상의 모든 것은 현재의 모습으로 잠시도 존재하지 못하고 계속 변화한다'는 무상의 법칙을 설파하신 부처님의 말씀이 더욱 생생하게 울려옵니다.

나누는 당신, 이미 행복이니

불자님들은 이 가을 단풍을 보면서 무슨 감회라도 있으셨는지요?

일이십 대 청소년이라면 곱게 물든 단풍잎 몇 장을 따서 책갈피에 끼워둘 것이고, 삼사십 대 청장년이라면 아름다움에 빠져 자신의 젊음을 뽐낼 것이며, 오륙십 대 설늙은이라면 이유 모를 쓸쓸한 느낌이나 다소 조급하고 초조한 심정일 것이고, 칠팔십 대, 황혼의 빛조차 힘을 잃어 가는 노장층이라면 원인 모를 서글픔과 두려움이 엄습할지도 모릅니다.

하지만 삶을 비교적 찬찬히 살피면서 다져 온 사람이라면 나무들이 겪었을 갖은 풍상(風霜)을 위로하고 나름의 결실들을 찬미하며 자연의 경이로운 변화에 경탄하면서 담담하게 '낙엽은 반드시 뿌리로 돌아가는' 도리에 합일(合一)하는 조용한 미소를 머금기라도 할 것입니다.

산승은 비교적 일찍 늙은 편인가 싶습니다. 어려서도 애늙은이라는 말을 들으면서 성장했고, 소년기 막바지에 출가한 산승은 유난히 노장(老長)님들을 잘 따랐습니다.

지금 돌아보면 노장님들이 덕이 있고 없고, 법력(法力)이 높고 낮고를 가리지 않고 마냥 존경스러워 가까이 따랐던 것 같습니다.

어느 소슬한 가을날 노덕님들께서 나무 그늘에 앉아 사중(寺中) 일로 마냥 분주하게 돌아다니는 주지스님을 딱한 양 넌지시 바라보시면서 "세속의 지혜 있는 사람도 오십이 넘으면 잡다한 일 다 정리하고 자기 일을 짚어 보는데 저 주지는 언제나 철이 들려는지……." 하시면서 걱정해 주시는 듯, 한편 비아냥거리시는 듯 나누시던 말씀들은 산승에게 평생 교훈으로 남아 있습니다.

그런저런 노덕님들의 영향을 받아서인지 매사 노인스러워 스스로도 젊은이들과 잘 안 맞는다고 생각했던 것 같습니다.

하지만 내심으로는 아직 젊다는 착각에 빠지기도 하고, 만나는 분들이 산승의 나이를 십 년 이상 아래로 보아 주는 덕담에 속아 은근히 자만에 빠져 인생살이에 게으름을 피우기도 합니다.

금년 가을은 이렇게 멍청한 산승에게 큰 교훈을 내린 의미 있고 고마운 계절입니다.

가을 초입에 모 행사장에서 지인이 기념으로 찍어 온 사진을 보는 순간 아찔한 충격을 받았습니다.

산승의 옆모습을 찍은 사진인데 거의 절망적인 감정이었습니다.

사진이 얼마나 정교한지 옆에서 보이는 얼굴이며 목덜미며 탄력을 잃고 늘어지는 피부! 이건 완전히 할아버지의 그것임을 처음으로 알게 된 것입니다.

물론 매일 삭발할 때마다 서리 맞은 옆머리를 보면서 무상을 느끼는 바이지만 이렇게 충격으로 와 닿은 적은 없었던 것입니다.

나누는 당신, 이미 행복이니

'이제 나도 별수 없이 조락(凋落)의 계절, 가을에 접어들었구나!'

'여보게 환성! 자네도 별수없네 그려! 다음 생을 맞이할 준비는 되었는가?'

한동안 이런저런 상념과 독백 속에 잠겨 있었습니다.

가을은 바로 '낙엽은 반드시 뿌리로 돌아간다'는 진리를 보여 주는 계절입니다.

아무리 높은 데 피었던 잎이라도 반드시 뿌리로 돌아가 자기를 길러 준 뿌리를 덮어 주고 대지와 동화되어 다시 뿌리 속으로, 줄기로, 가지로, 잎으로, 꽃으로, 열매로, 그리고 끝내는 모든 생명으로 다시 태어납니다.

세상의 모든 생명들은 서로 연결되어 이렇게 주고받으면서 생존하고 있습니다.

산과 들의 활엽수, 침엽수 등 온갖 나무들, 그리고 가지가지 풀들은 서로 어우러져 주고받을 뿐 다툼이 없으며 그 속에 깃드는 온갖 짐승이며 풀벌레들까지도 거듭되는 삶과 죽음을 담담하게 받아들입니다.

인간, 유독 인간만이 너와 나로 나누고, 혼자 가지려 들고, 다투고, 분노하고, 죽을 줄은 모른 채 살려고만 발버둥치지요.

뭇 생명들처럼 온몸으로 살고, 죽음을 받아들이며, 주고받을 줄을 모르는 가장 가련하고 미숙한 중생이 인간 중생이라고 말하면 동의할 사람 없겠지만 산승이 보기엔 그렇습니다.

온 산을 곱게 물들였던 나뭇잎들이 모두 뿌리로 돌아가고 있는 가을의 끝자락에서 산승은 지나온 역정을 돌아봅니다. 그리고 내가 떠나 온 그 뿌리로 온전히 돌아갈 준비를 더 착실히 하리라 다짐해 봅니다. 아니, 온몸으로 현재의 생을 온전히 살고자 합니다.

"낙엽은 뿌리로 돌아가네!" · 2012년 11월 17일

나누는 당신, 이미 행복이니

'나' 찾는 일
행복 얻는 일

오늘 음력 7월 15일은 절후로는 백중이고, 불가(佛家)에서는 여름 삼 개월 동안 각자 일정한 수행처에 모여 두문불출하며 수행에만 전념하던 안거를 끝내고 다시 삼 개월 동안 행각(行脚) – 개인적인 일도 보고 어느 곳에서나 만나는 일 가운데 수행하는 것 – 을 하기 위하여 수행처를 떠나는 해제일입니다.

이 백중날의 해제는 부처님 생존 시부터 지금까지 한 해도 거르지 않고 행해져 온 불교 전통 중의 전통으로서 아주 중요한 날입니다. 아마도 이 세상에 이렇게 유구한 역사를 간직한 전통은 없으리라고 생각됩니다.

또 이날은 '승자자일(僧自恣日)'이라고도 하는데 이 또한 불교 수행인들에게만 있는 아주 특별한 날이지요. '자자'라는 것이 무엇인고 하면 이것 역시 석가모니 부처님께서 세상에 생존해 계실 때부터 부처님이 직접 행해 온 수행의 한 방편입니다. 수행자 각자 스스로 자신의 허물을 대중에게 드러내어 참회하고 용서를 구하며, 또 자신이 모르고 저지른 잘못에 대해 대중들에게 지적해 주기를 청하는 의식인데 그 내용은 이러합니다.

각 수행처마다 삼 개월 동안 함께 수행한 모든 대중이 한 자리에 모여서 그곳의 가장 웃어른이 먼저 시작하는데, 부처님 당시에는 석가모니 부처님께서 맨 먼저 대중을 향하여 합장하고 '나는 스스로 나와서 청합니다. 내가 이러이러한 일로 대중들의 수행에 폐를 끼쳤으므로 이제 참회하노니 이해하고 용서해 주기 바라오. 그리고 내가 모르는 일도 있으리니 삼 개월 동안 수행하는 가운데 나의 행위와 언어에 무엇인가 잘못된 것이 있었다면 지적해 주십시오' 하고 청합니다. 이때에 허물이 없으면 '예, 부처님. 저희들은 부처님의 어떠한 허물도 보지 못하였습니다' 이렇게 대중이 대답하고, 다음 어른 스님부터 처음 들어온 행자까지 차례로 이와 똑같이 해서 자신의 허물을 참회합니다. 오늘날에도 선원에서는 이와 같은 자자를 함으로써 탁마(琢磨)하고 있습니다.

오늘 법회에 동참한 대중 여러분도 삼 개월 동안 한 도량에 모여 정진한 것은 아니지만 천일기도 중이고, 49일간 일주일마다 모여 기도 정진한 만큼 같은 결제대중이며, 서로 기도 정진을 돕는 도반입니다. 오늘 다 같이 자자의 시간을 갖고 자신의 결점은 무엇이고 좋은 점은 무엇이 있나 살펴보시기 바랍니다.

사람은 자신의 결점을 스스로 알아차리기 어렵습니다. 그리고 도반의 조언을 고맙게 받아들이기도 쉬운 일이 아닙니다. 그렇기 때문에 수행에 진전이 없고, 인간적으로 성공한 사람도 적은 것이리라 생각됩니다. 그러므로 자자는 자기를 바로 세워 참사람이 되는 데 있어 참으로 중요한 일입니다.

이 스님들의 자자를 가족끼리 혹은 사회단체에서 응용한다면 좋으리라고 생각되어 권하는 바입니다.

또 오늘은 잘 아시는 바와 같이 '우란분절(盂蘭盆節)'이라고 하여 불자들만의 효도의 날이기도 합니다. 이 역시 석가모니 부처님의 가르침에 따라 지금까지 행해져 온 불교 고유의 의식이 있습니다. 부처님을 항상 모시고 다니면서 수행하는 오백 성중과 천이백 아라한 등 많은 제자들 가운데서도 뛰어난 제자 열 분이 있는데 그 십대제자 중 신통 제일인 목련존자의 청원에 의하여 가르쳐 주신 선망부모 천도법입니다. 간략히 말하면 이렇습니다.

목련존자가 잘 수행해서 천상계, 수라계, 인간계, 아귀계, 축생계, 지옥계 등 모든 세계의 일을 다 아는 신력을 통하게 되었습니다. 목련존자는 자기 어머님이 생전에 많은 악업을 지었으므로 분명 좋은 세계에 계시지는 못할 것으로 걱정이 되어 계신 곳을 찾아보니 지옥 중에도 가장 고통이 심한 무간아비지옥에 떨어져 차마 눈뜨고 볼 수 없는 갖은 고통을 받으시는지라 자기의 신통을 다 동원하여 구출하려 해 보았으나 구제할 수 없었습니다.

이에 부처님께 그 사정을 말씀드리고 구출해 주시기를 청했습니다.

부처님께서는 그 제자의 효성 어린 간청을 받아들여 '그대어머니의 죄업이 너무 무거우므로 다른 방법으로는 구제할 수없다. 다만 그대가 공경스러운 마음가짐으로 온갖 맛있는 음식과 의복과 의약, 그리고 스님들의 용돈을 마련하여 삼 개월 안거를 마치고 만행을 떠나는 7월 보름날 대중공양을 하면 그대의 어머니가 무간지옥의 고통만은 벗어날 수 있을 것이다'라고하셨습니다. 목련존자는 부처님의 가르침대로 대중공양을 올리고 발원하여 살펴보니 무간지옥을 겨우 벗어나 고통이 조금 가벼운 지옥에 나신 어머님을 발견하였고, 다시 지극한 정성과 공경심으로 대중 스님들께 세 번을 더 공양 올린 공덕으로 어머님이 극락에 왕생하셨을 뿐만 아니라 그때 같이 고통받던 악도의모든 중생이 다 함께 왕생하였습니다.

7월 15일, 백중이기도 하고 자자일이기도 하며 해제일이기도한 이날에 수행자 분들께 공양 올린 공덕은 이와 같이 큰 것입니다. 왜냐하면 삼 개월 동안 오로지 수행에 매진하고 오늘 자신의 모든 잘못을 참회한 그 대중은 청정하고 참된 일념을 이룬성자들이기에 중생의 악업을 능히 씻어 줄 수 있기 때문입니다.

백중날을 불교에서 '우란분절'이라 한 것은 이렇게 목련존자의 효심과 청정한 수행승들의 법력으로 악도 중생을 구제한 내력에 연유한 것입니다. 그래서 불자들은 오늘날까지 선망부모님과 일체 모든 유주무주, 유연무연의 영가를 천도하는 의식에 동참하여 정성을 다하는 것입니다.

어떤 불자님들은 천도는 한 번 했으면 그만이지 무엇 때문에 매년 천도재를 할 필요가 있느냐고 비판합니다. 하지만 이것은 절대적으로 몰라서, 무지해서 하는 말입니다. 그런 불자들께 묻고 싶습니다. 신심과 정성을 다 바쳐서 천도재를 해 보았는가?

목련존자와 같은 성인도 온갖 정성을 다 해서, 세 번이나 공양을 올리고서야 겨우 성취했는데 오늘날 범부들이 건성으로 남들이 하니까, 또는 스님이 해야 된다고 하니까 따라서 몇 번 해 보고 되느니 안 되느니 어쩌니 해서는 안 됩니다.

정성을 다하여 천도법요를 하다 보면 반드시 '아! 나와 인연 있는 영가들이 모두 이고득락하셨구나' 하고 확신이 설 때가 있습니다. 그런 확신이 있을 때까지 멈추지 말고 천도재도 지내야 하며, 일념으로 나무아미타불 육자염불 수행을 닦아야 합니다.

그렇지 않으면 산승이 항상 여러 불자님들께 간곡히 권장하는 '나는 누구인가?'를 가슴에 달고 끊임없이 참구해서 '나를 나라고 하는 내가 누구인지'를 알면 천도재도 필요 없이 자신은 물론 모든 유연무연 영가를 일시에 다 천도할 수 있게 됩니다.

그러면 중생은 왜 윤회를 하는가? 말할 것도 없이 자신이 지은 업력 때문입니다.

악도에 태어나든 선도에 태어나든, 그것은 하느님이나 부처님 내지는 조상님의 탓도 아닌 순전히 자신이 저지른 악업과 자신이 닦은 선업에 의하여 육도(六道) - 천상 · 수라 · 인간 · 지옥 · 아귀 · 축생 - 를 끊임없이 헤매고 가지가지 고통을 받는 것입니다.

다시 말씀드리자면 선악의 업력이 다 소멸되기 전에는 어느 누구도 육도윤회를 면할 수 없습니다.

오늘 큰 신심과 정성을 바쳐 우란분절 법요에 동참한 일도 동참 대중 모두 자신과 선망부모 및 법계 유주무주 영가의 선악 업력을 소멸하고, 나고 죽는 괴로움이 없는 극락정토에 왕생하자는 데 있습니다.

극락세계는 진리의 세계이고 이 둘은 같은 것인데, 이것은 일체의 선악 경계를 넘어서 있는 것입니다. 이 세계에 가는 길은 위에서 말씀드린 두 가지 방법이 있습니다.

신사년 우란분절을 기하여 여러분께 극락세계에 가는 길과 진리에 도달할 수 있는 길, 이 두 가지 길을 큰 선물로 드립니다.

모쪼록 밥을 먹으나, 옷을 입으나, 일을 하거나, 놀거나, 어느 때 어느 곳에서나 나무아미타불 육자염불을 놓지 마십시오. 그리고 가끔씩 '나무아미타불' 하며 '염불하는 이 자는 누구인가?' 하고 자신에게 물으십시오. 그러면 반드시 '나'라는 답이 나올 것입니다. 그러거든 곧바로 '그럼 나는 누구인가?' 하고 되물으시기를 계속해서 깊이 잠들 때까지 '나는 누구인가?' 하고, 잠에서 깨어나자마자 또 '나무아미타불. 나는 누구인가?'라며 하루 일과를 시작하시면 곧바로 큰 행복을 얻으실 것이고,

나누는 당신, 이미 행복이니

머지않아 일체중생이 극락세계에 있음을 알게 될 것입니다.

그러나 이 일은 쉽지 않습니다. 공을 들이지 않고는 불가능합니다. 이 세상에 공들이지 않고 되는 일은 단 한 가지도 없습니다. 지극 정성의 공들임이 있을 때 비로소 뜻이 이루어지지요.

모쪼록 가장 가치 있는 일, 반드시 이루어야 할 인생 문제를 위하여 공들이시기를 간곡히 권합니다.

다 함께 큰 행복을 얻으십시오. •2001년 9월 2일, 우란분절 법문

마음 밭을
가꾸자

요 며칠 전 필자가 평소 존경하는 사회 지도자이시고 덕망가이신 어르신과 차를 나누었는데, 대화 중 나이 먹고 보니 매일매일 '시간을 어떻게 내버릴 것인가', '어떻게 쓸 것인가' 하는 것이 가장 큰 고민이라는 말씀에 많은 생각을 하게 되었다. 고위 관료 출신으로 출세도 할 만큼 했고 누릴 만큼 누리셨을 어르신의 말씀이니 더욱 의미 있게 다가왔다. 이 어르신의 고민은 '인생을 어떻게 살 것이며, 여생을 어떻게 회향(廻向)할 것인가' 하는 진솔한 심경 토로라 이해되어 산승 자신의 일상을 점검케 하는 큰 법문이 되어 가슴에 새겨진 것이리라.

자신을 조금은 살피면서 살아가는 사람이라면 분명 이러한 고민에 빠져본 적이 있으리라. 사람은 살아가면서 많은 일을 하게 되고, 그 가운데는 보람된 일로, 혹은 회한의 일로 남게 된다. '어떻게 살 것인가', '어떠한 일에 생을 바칠 것인가' 하는 문제는 참으로 중요하다. 사람이 평생 살아가는 데 많은 일을

나누는 당신, 이미 행복이니

하게 되고 그런 만큼 일의 선택에 고민하지 않을 수 없는 것이다. 그 가운데 가장 큰 고민은 '인생을 어떻게 살 것인가', '도대체 인생이란 무엇인가', '어디에서 와서 어디로 가는가', '과연 나는 누구인가'라는 등의 문제가 아닐까 생각된다.

이 문제는 인간 공통의 고민이고, 근원적인 고민이라 할 것이다. 유사 이래 이 문제에 대하여 가장 큰 관심과 해결 노력을 기울여 온 종교는 불교라는 주장에 이의를 제기할 사람은 별로 없을 것이다.

이 문제는 모든 부처님과 선각자들도 가장 큰 인생 문제로 여긴 일로서, 부처님은 중생들로 하여금 이 고민을 해결하여 진정한 행복자가 되도록 돕기 위해 출현한다 하여 일대사인연(一大事因緣)으로 사바세계에 온다고 말한다.

또 정신계에서는 사람이 사람으로 태어난 것은 '영적(靈的) 향상(向上)을 위하여'라고 말한다.

인간이 하는 일의 목적은 바로 향상에 있다.

인간은 늘 무언가를 한다. 잠시도 쉬지 못하고 하고자 하며, 하지 않고는 못 견디는 병적인 존재와도 같다. 예를 들어 친구를 만나거나 전화할 때 "요즘 뭐하고 지내?" 하고 물으면 "아무것도 안 해." 대개 이렇게 대답하는데 그것은 이미 일을 '하고' 있다는 사실을 망각하고 하는 말이다. 안 하는 일을 '하고' 있기 때문이다. 우주 섭리가 잠시도 머무르지 않고 흐르듯이 사람도 의식적이거나 무의식적이거나 늘 일을 '하고' 있는 것이다.

인생을 어떻게 살 것인가?
도대체 인생이란 무엇인가?
어디에서 와서 어디로 가는가?
과연 나는 누구인가?

사람이란 어차피 일을 할 수밖에 없다면 '의도적'으로 하고, 하기 전에 진지하게 숙고해서 할 일을 '선택'해 심혈을 기울여 '적극적'으로 해야 바라는 바 목적을 십분 이루게 된다.

그러면 어떤 일을 선택할 것인가. 기쁜 마음으로 할 수 있는 일, 하고 나면 보람을 느낄 수 있는 일, 나도 남도 기쁘고 이익되는 일을 선택해야 마땅하다.

대부분의 일들은 내가 이로우면 남이 손해 보는 양상의 일들이다. 한쪽만의 이익을 위한 일은 엄격히 판단해 보면 해악(害惡)이다.

단적인 예가 되겠지만 부처님께서는 '마음 밭을 가꾸는 일'을 선택하셔서 중생들에게 진정한 행복, 궁극의 행복을 선물로 주었다.

부처님은 마음 밭 가꾸는 일을 통하여 '마음은 모든 일의 근본이고, 그 마음의 주인은 자신임'을 분명히 증득(證得)했던 것이다.

요즘 세상 돌아가는 것을 보면 무척 혼란스럽다. 개인도, 단체도, 국가도, 모두 방향 감각을 망각한 듯하다. 그러니 지향점도 없다. 오직 이기심끼리 싸우는 전쟁터다.

모두 근본을 망각한 탓이다. 근원으로부터 너무 멀리 달려간까닭이다. 삶에, 일에 대하여 고민해 보지 않고 편의에 따라 살기 때문이다.

이러한 현대인들에게 모든 일에 앞서 '마음 밭 가꾸기'를 권장한다.

이 세상에 '마음 밭 가꾸는 일'보다 더 가치 있는 일은 없다고 믿기에 주저 없이, 간곡히 권하는 것이다. 이 일이야 말로 나도 기쁘고 남도 기쁜 일이요, 나도 이롭고 남도 이로운 유일한 일이기 때문이다.

현상계의 모든 법은 '마음 밭'에서 낳았고, 그 자리에서 자라고 열매 맺음 한다. 예수도, 공자도, 석가도 이 마음 밭을 여의고는 존재하지 못했을 것이고 이름조차 있을 수 없었을 것임에 분명하다.

오늘날 지성들이 석가모니를 인류 역사상 가장 위대한 스승으로 평가하는 이유는 그가 바로 이 '마음 밭'을 일구어 낸 사람이고, 이 일이야말로 인류를 가장 완벽하게 향상시켜 궁극의 행복을 얻을 수 있는 길임을 발견했기 때문이다. 인류문명의 진정한 발전은 마음 밭을 가꾸는 일이 알파와 오메가라고 믿게 된 것이다.

인생살이는, 범부들이 하는 일은 진화 아니면 퇴화, 상승 아니면 하락, 성공 아니면 실패라는 분수령과도 같다. 순간순간 이런 냉혹한 기로를 걷고 있다 해도 과언이 아니며, 아슬아슬한 곡예를 하는 것이라 표현해도 틀리지 않을 것이다.

이제 기로와 곡예를 버리고 자신과 이웃의 향상을 위하여, 밝은 우주문명 창조를 위하여 모든 일에 앞서 '마음 밭 가꾸기'를 선택하자.

별도의 시간을 만들 필요는 없다. 출가 삭발할 필요도 없다.

나이의 많고 적음도, 여생이 얼마 남고 말고도 관계없다.

이 일을 위하여 직장인이 일터를 버리거나, 신앙인이 개종(改宗)할 필요도 없다.

다만 지금 그 자리에서 '무언가 하고 있는 자신을 보라'.

• 2007년 4월 30일, 〈금강뉴스〉 칼럼

나누는 당신, 이미 행복이니

부자
되는 법

병술년 개의 해를 맞이하면서 많은 사람들이 인간과 가장 친숙한 견공, 충직스런 견공, 재산과 생명을 지켜 주는 견공 등등 개에게 가진 미사여구를 붙여 주면서 그런 좋은 한 해를 만들자고, 신뢰의 사회를 만들자고 떠들썩하게 다짐들을 했었습니다.

지나온 일 년을 돌아보면 국가적으로나 개인적으로나 좋은, 견공 같은 개의 해가 아니라 물어뜯고 짖어대고 아무 데나 배설하는 똥개 같은 세상이었던 것 같아 아쉽고 서글프기만 한 일 년이었던 것 같습니다.

국가 최고 통수권자의 언행이 그러했고, 정치·사회의 지도자들도 마찬가지였으며, 그 속의 국민 정서가 그러했습니다.

솔직히 생각조차 하고 싶지 않은 기나긴 한 해였지요.

우리는 또다시 큰 희망을 걸면서 정해년을 맞이했습니다.

돼지 또한 식용으로 쓰기 위한 일이지만 가축으로서 인류와 함께해 온 역사가 2,000년이 넘는 것으로 추정된다니 그 역사 유구하여 인간과 정들기에 충분하다 하겠습니다.

그뿐만 아니라 돼지는 새끼를 많이 낳기 때문에 재물과 자손 번창을 가져다주는 동물로 여기기도 합니다.

하늘이나 산천신명께 제사지낼 때, 혹은 고사지낼 때 제물로 쓰이는 것도 다른 가축과 다른 점이라면 다른 점일 것입니다.

또 돼지꿈을 꾸면 재물이 들어온다는 믿음이 있어 그믐밤이나 사업을 시작할 때 돼지꿈 꾸라는 덕담을 하기도 합니다. 요즘엔 돼지꿈을 꾸면 복권을 산다는 사람들도 많지요.

이렇게 값도 별로이고 지저분한 가축인 돼지를 매개로 하는 풍습이나 기대는 모두 부자 되고픈, 즉 재물을 많이 가지고 싶은 사람들의 욕구와 불로소득하려는 사행 심리를 잘 나타낸 것이라고 할 수 있습니다.

재물을 제2의 생명이라고들 합니다.

아주 저속하기는 하지만 부정할 수 없는 사실인 듯싶습니다.

그도 그럴 것이 사람이 생겨난 이래 먹지 않고 살았다는 사람 없습니다. 먹을거리가 최초의 필요 재물이며 최귀(最貴)의 재물이라는 데 이의를 제기한다면 그는 분명 무지한 사람일 것입니다.

생존 자체가 재물에 달려 있으니 재물에 대한 욕구는 탐욕적이라 해도 허물로 치부할 수 없을 듯도 합니다.

더구나 물질만능이라는 퇴폐문화에 매몰된 현대인들에겐 재

나누는 당신, 이미 행복이니

물은 곧 생명, 생명은 곧 재물이라는 등식이 당연하다 할 것입니다.

정해년은 600년 만에 오는 복덩어리 황금돼지해라는 출처 불분명한 말이 막연한 횡재 심리를 부추기고 있습니다.

분명 허황된 유언비어지만 희망을 주는 말이니 정해년에는 국민 모두 복을 많이 누리는 해가 되길 기대해 봅니다.

금년에 자식을 두면 그 자식이 잘되는 것은 물론 그 자식으로 인하여 집안의 어려운 일들이 술술 풀려 행운이 온다니 듣기 참으로 좋습니다. 이 말을 믿어 지난 늦가을부터 서둘러 결혼하는 젊은이들이 부쩍 늘어 예식장이 호황이라 합니다. 정해년에 복덩이 아기를 낳아 잘살아 보겠다는 것이겠죠.

그뿐만 아니라 돼지 모양의 완구나 저금통이 품절되고 값이 두 배 세 배 폭등하는 기현상이 일어나기도 한답니다. 중국에서 들여 온 황금돼지 저금통은 아예 구할 수조차 없다니 한심한 일이지만 이 또한 좋게 보고자 합니다.

잘 풀리는 자식, 복덩어리 자식을 누군들 두고 싶지 않으리오. 또 그런 욕망을 가진 부모를 누가 탓할 수 있으리오.

복덩어리 자식 낳아 가문에 영광이 이루어진다면 얼마나 좋은 일이겠습니까? 이 시대 여성들은 출산 기피증으로 국가적 고민거리라는데 다소나마 그 고민거리를 해소하게 될 터인즉 이 또한 국가적 경사라 할 수 있을 것입니다.

이참에 금년에 출산하는 어머니들은 모두 둘 내지 세 쌍둥이 아기를 낳았으면 더욱 좋겠습니다.

그리고 황금돼지 저금통을 집안에 두면 모두 부자 된다니 얼마나 쉽고 좋은 일인가. 가뜩이나 어려워 어느 곳을 가도 죽겠다는 아우성뿐인데 이보다 더 반가운 소식이 어디 있겠습니까? 경제 환란을 겪은 뒤로 위정자들은 해괴한 이념 논쟁으로 국민 정신을 갈갈이 찢어 놓는 일만 했지 국가 경제, 서민 민생고에 대해서는 아랑곳하지 않고 있습니다. 지금 살만하다, 견딜만하다고 대답하는 사람은 한 사람도 없습니다. 적어도 서민 사회는 그렇습니다.

다시는 일어설 수 없을 것만 같은 도탄에 빠져 있다 해도 과언은 아닐 것입니다. 이 절박한 시점에 황금돼지 한 마리만 있으면 모두 부자가 된다니 얼마나 좋은 일이겠습니까?

불자 여러분! 여러분들께서도 금년에 자손을 꼭 늘리십시오. 그리고 황금돼지 저금통도 꼭 구해서 가족이 모두 매일 볼 수 있는 곳에 소중하게 올려 놓으십시오.

부처님 가르침 중에 '일체유심조(一切唯心造)'라는 말씀이 있습니다. '현상계의 모든 것은 마음이 만든다'. 부자도, 가난도, 행복도, 불행도 나의 마음이 만든다는 뜻입니다.

황금돼지해라는 말이 허무맹랑한 유언비어라 해도 일체유심조의 도리를 아는 진정한 불자 앞에서는 실다운 말이 되고 불자의 믿음과 같이 실현되는 것입니다.

친애하는 불자 여러분!

나누는 당신, 이미 행복이니

산승이 불자님들 모두 부자 되고 총명과 복덕이 넘치는 자손을 둘 수 있는 비결을 알려 드릴 테니 명심하여 실천하시길 간절히 당부 드립니다. 산승의 당부를 실천하면 반드시 그리 될 것이고, 실천이 없다면 금년에 백 명의 자손을 두고 황금돼지 저금통 천 개를 갖다 놓아도 원하는 대로 되지는 않을 것입니다.

복덕스런 자손 얻는 비결

첫째, 불전에 지극한 마음으로 귀자(貴子)를 주십사 발원할 것.

둘째, 임신하거든 가족이 함께하면 더욱 좋고 그렇지 못하면 임신부가 『지장경(地藏經)』을 매일 한 번씩 49일간 독경하고 끝나는 날 조상님 천도재를 지낼 것.

셋째, 천도재 지낸 다음엔 매일 「관세음보살보문품(觀世音菩薩普門品)」을 한 번씩 출산하는 날까지 독송할 것.

넷째, 공덕이 될 일을 찾아 부지런히 닦으면서 나무아미타불 염불을 계속 할 것.

부자 되는 비결

첫째, 큼직한 황금돼지 저금통을 마련할 것.

둘째, 동전은 얼마가 되건 가족 모두 매일 "어려운 이웃을 위하여."라고 세 번 말하면서 황금돼지에게 먹일 것.

셋째, 가득 차면 절에 가져가거나 이름을 밝히지 말고 이웃

돕기 성금으로 보시할 것.

넷째, 이 외에도 늘 소리 없이 형편껏 부지런히 베풀 것.

이 비결만 잘 실천하면 황금돼지해가 아니더라도 언제나 귀자를 얻을 것이며, 부자 될 것임을 산승의 모든 것을 담보로 확언하는 바입니다. 모두 산승의 말에 절대적인 믿음을 가지고 실천하십시오.

정해년 휘호는 불자님들 모두 복을 많이 닦고 계층 간 갈등을 과감하게 버려서 행복하시라는 마음으로 '다시다득(多施多得) 대사대안(大捨大安)'으로 정했습니다.

다시다득, 많이 베풀면 많이 얻게 되는 것은 진리입니다.

비우면 채워지는 것이 자연의 섭리입니다.

바르게 비우면 그렇습니다. 바르게 비운다는 것은 낭비나 허비가 아닌 베풂입니다.

자타불이(自他不二), '나'와 '너'가 하나라는 부처님의 가르침을 상기하십시오.

물아일여(物我一如), '나'와 '삼라만상'이 하나라는 가르침도 깊이 새기십시오.

'너'가 행복해야 '내'가 행복합니다. '삼라만상'이 제 모습대로 살 수 있어야 '내'가 편안하게 살 수 있는 것입니다.

대사대안도 마찬가지입니다.

나누는 당신, 이미 행복이니

묵은 감정 안고 있으면 안고 있는 만큼 나 자신이 고통스럽습니다. 화내고, 욕하고, 사방에 비방하고 다니면 내가 이긴 것 같은 착각에 빠지지만 실제로 가장 크게 손해 보는 것은 자기 자신입니다.

자기 속이 먼저 타고 자기 마음이 먼저 악해지고 비겁해지는 것이 진리이기 때문입니다.

고부 갈등, 부부 갈등, 이웃과의 갈등, 이러한 감정이나 갈등은 부질없고 고통을 부르는 어리석음입니다.

갈등은 대개 내 욕심이 원인입니다. 내 뜻에 맞춰 주지 않으니 감정이 되고 갈등이 되는 것입니다. 자타불이의 가르침을 잘 인식하면 '나', '너'가 없어지니 갈등이 발붙이지 못하게 됩니다.

과감하게 비워 버리십시오. 그리고 먼저 사과하십시오.

부자 되기 위하여 많이 베푸십시오.

마음의 평온을 위하여 크게 버리십시오.

돼지는 길상(吉祥), 재산이나 복의 근원, 집안의 재물신(財物神)을 상징하기도 하지만 욕심 많은 사람을 '돼지 같은 놈'이라고 부르듯이 탐욕을 뜻하기도 합니다. 탐욕은 모든 괴로움과 재앙을 부릅니다. 패가망신의 근원이지요.

불자 여러분!

황금복돼지해에 돼지의 양면성을 잘 이해하여 탐욕을 버리고 공덕을 닦아 길상과 재물을 부르는 해로 만드시길 재삼 당부드립니다. •2007년, 신년 법문

내가 모든 일의 주인임을
아는 사람이 되겠습니다.

무엇이든지 밝게 웃으며 '예, 그렇습니다', '예, 그렇고
말고요', '예, 그렇게 하시지요', '예, 그랬었군요' 하는
긍정의 사람이 되겠습니다.

사랑을 받기보다는 널리 사랑하는 사람이 되겠습니다.

이해와 용서받기보다는 무한히 이해하고 감싸는 사람
이 되겠습니다.

도움받기보다는 널리 도와주는 사람이 되겠습니다.

의지하기보다는 모든 이웃의 의지처가 되어 주는 사람
이 되겠습니다.

어떠한 경우라도 화내지 않을 것이며, 끝내는 화가 일
어나지 않는 사람이 되겠습니다.

어느 누구, 어떤 생명도 미워하거나 해치지 않는 사람
이 되겠습니다.

이웃 생명의 행복에 도움이 되는 일은 손해 보면서도
기꺼이 하는 사람이 되겠습니다.

남의 성공을 기뻐하며 성공하도록 적극 돕는 사람이
되겠습니다.

모르면 묻고, 틀리면 고치고, 잘못했으면 뉘우치는 사
람이 되겠습니다.

내가 나의 관찰자로서 나의 일거일동을 밀밀히 감시하
여 참사람이 되겠습니다.

반갑습니다, 불자 여러분!

불자님들 어제는 무슨 일을 했으며 오늘은 어느 곳을 향해서 가십니까? 그리고 내일은 또 어떤 일을 하고자 계획하십니까?

아마 대부분의 불자님들은 생계, 즉 경제적 부를 위하여 생업 현장에서 열심히 일을 했을 것입니다.

그 과정에서 동료를 경쟁의 대상으로 착각하여 자기만의 이익을 위한 모종의 온당치 못한 일을 저질렀을 수도 있을 것입니다.

또 어떤 분은 사회적 명성이나 권세를 얻기 위하여 조금은 남아 있을 양심마저도 저버리면서 목표를 향해 앞으로만 달려가고 있을 것입니다. 그리고 내일도, 모레도 이러한 일들을 계속할 것입니다.

그렇게 하지 않고는 행복해질 수 없다는 무의식적 강박관념 때문이지요. 하지만 하던 일을 잠시 놓고 한번 조용히 생각해 봅시다. 여러분들께서 욕구하는 그 재산, 그 명예를 목적하는 만큼 얻어 보셨습니까? 또 얻었다고 말하는 사람을 보셨는지요? 아마도 모두들 얻지 못했다고 대답하실 것입니다.

부처님께서도 중생 근본 욕망이라고 말씀하신 재물욕, 이성욕, 식욕, 휴면욕, 명예욕 등 소위 오욕락(五慾樂)이라고 하는 이것들은 본래 충족시키려야 충족될 수 없는 속성을 지니고 있기 때문입니다.

물론 이런 것들은 중생살이에 있어 없는 것보다는 있는 것이 조금은 편리한 것이어서 흔히 행복의 조건이라고도 말합니다.

그렇지만 불행하게도 이 오욕은 채우려고 하면 할수록 더욱 부족하게 느껴져 고통도 함께 커집니다. 만족의 기쁨을 맛보려면 모든 자기중심적인 욕망을 단박에 쉬어 버리고 행복의 척도를 이웃과 함께 향유하려는 자세로 새로이 설정해야만 가능해집니다.

불자 여러분, 하루 한 번쯤 행복이란 무엇인가를 생각해 보는 시간을 가져 봅시다. 나는 지금 이 순간 어느 지점에 서 있으며 어느 곳을 향해 가는가를 살펴봅시다.

나의 본래 모습이 재산인가 명예인가, 아니면 그 무엇인가 생각해 봅시다. 하던 일손을 잠시 멈추고 조용히 아주 조용히, 그리고 아주 세밀하게 '진정 나는 누구인가'를 생각하는 시간을 가집시다.

• BTN 〈3분 설법〉 중

희망법문

생명을 어떻게 쓰십니까?

자신의 생명이 소중하듯 모든 존재의 생명은 무엇보다도 귀중합니다. 이 소중한 생명은 존중받아야 마땅하고 유용하게 사용해야만 합니다.

생명을 사용한다는 말이 좀 생소하겠습니다만 우리는 늘 생명을 사용해 왔습니다. 숨 쉬는 것처럼 너무 일상적인 것이어서 인지하지 못했을 뿐입니다. 돈 벌기 위하여, 학문하기 위하여, 도를 이루기 위하여 생명을 사용해 온 것입니다.

중생은 자기 탐욕을 채우는 데 그 소중한 생명을 허비하고, 보살은 이웃의 행복을 위해 아낌없이 생명을 씁니다. 부처님은 한 생명을 위하여, 혹은 만 생명을 위하여 누겁(累劫)을 통해 목숨 바치기를 수없이 하셨습니다.

얼마 전 온 국민들이 놀라고 수많은 양심들이 가슴 아파했던 고 노무현 대통령은 계급 없는 세상, 서민도 잘사는 세상을 만

나누는 당신. 이미 행복이니

들고자 하는 큰 원력으로 생명을 아낌없이 사용한 오늘의 보살입니다. 불자님들은 자신의 생명을 어떻게 사용하시는지 또 어떻게 사용할 것인지 살펴보아야 합니다.

주시자注視者가 되라

흔히 불교는 수행의 종교라고 말합니다.

수행을 위해서는 한 가지 믿음과 세 가지 요건을 갖추어야 합니다. 한 가지 믿음이란 모든 생명이 부처님, 즉 나와 이웃이 부처라는 사실을 믿는 것입니다.

세 가지 요건은, 첫째, 지금까지 저질러 온 모든 악업에 대하여 삼보님께 지극한 마음으로 참회를 구해야 합니다. 둘째, 마음을 밝혀 중생을 제도하겠다는 서원을 세워야 합니다. 셋째, 서원을 이룰 때까지 멈추지 않고 정진해야 합니다. 참마음을 밝히지 못한다면 이웃의 행복은 물론 자신의 행복도 있을 수 없기 때문입니다.

마음을 밝히기 위하여 출가하거나 장좌불와(長坐不臥)할 필요는 없습니다. 지금까지처럼 염불, 참선, 간경, 그리고 일을 더 열심히 하십시오.

다만 자기 마음의 작용이나 육체적 행위를 낱낱이 주시하십시오. 자기 행위를 주시하는 불자에게 머지않아 좋은 소식이 있을 것입니다.

자신의 주시자가 되십시오.

자타불이自他不二

불교에서는 같은 시대를 살아가는 생명들을 '동업중생(同業衆生)'이라 하며, 그 시대에 일어나는 사회 상황을 '공업소치(共業所致)'라 하여 어떤 특정인의 탓이 아닌 공동의 책임으로 받아들입니다. 오늘의 사회 현실이 남의 탓이 아닌 자신의 잘못된 가치관, 비뚤어진 행위에서 비롯되었음을 통찰하여 사회 불안을 치유하는 데 함께 노력해야겠습니다. 오늘날 세계적인 경제 불황과 국내 사회 혼란을 보면서 '온 우주 만물은 그물과 같이 연결되어 한 몸'이라 하신 부처님 말씀을 생각하게 됩니다.

만물과 연결된 나, 너와 내가 둘이 아니어서 우주 만물이 하나의 나임을 분명하게 새겨 다투지 말고 서로 성공하도록 도웁시다.

이웃이 고통스러우면 내가 고통스럽고, 이웃이 행복해야 내가 행복하다는 연기(緣起)의 도리를 깨달아 이웃의 행복을 기뻐하고 축하해 줍시다.

이웃의 성공을 적극 도웁시다.

매사 최선을 다하라

부처님 당시에 마갈타국의 왕은 '빈비사라'였습니다. 그는 누각에서 쉬다가 지나가는 수행자들을 보았는데 걸음걸이가 고요하고 품위 있어 멀리서 보아도 그들은 행복해 보였습니다. 그래서 왕은 그들에게 다가가서 정중히 물었습니다.

나누는 당신, 이미 행복이니

"그대들은 내가 본 수행자들 중에서 가장 행복해 보이고 거룩해 보입니다. 그대들의 스승은 누구이고 무엇을 믿고 따르기에 그렇습니까?"

"왕이시여! 우리는 석가세존의 제자들인데 그분의 가르침 중에 과거는 지나가서 잡을 수 없으니 과거에 얽매이지 말고, 미래는 저절로 오는 것, 미리 걱정 말고 현재에 열심히 살라고 하셨습니다. 그래서 우리는 매 순간순간 최선을 다해서 삽니다."

"최선을 다한다는 것은 무슨 뜻입니까?"

"지금 왕과의 대화를 친절하고, 거짓되지 않아 서로에게 유익하게 하는 것이 최선을 다하는 일입니다."

이에 왕은 더욱 돈독한 신심으로 삼보를 공경하게 되었습니다.

매 순간 최선을 다합시다.

당신은 어떤 사람입니까?

태양은 본래 밝은 빛을 발산하지만 구름 앞에는 무력하듯이 중생의 마음이 본래 부처이지만 무명의 구름에 덮여 고통스러운 중생살이를 거듭합니다. 마음이 어둠에 정복당하면 불행이 있을 뿐이요, 마음이 무명을 정복하면 영원한 행복이 있을 뿐입니다. 행복의 길을 두고 불행의 길을 선택하는 사람은 없을 것입니다.

마음의 어둠이란 다름 아닌 탐욕이요, 성냄이며, 어리석음입니다. '나', '내 것'이라고 여기는 이기심에 의존하여 탐냄, 성냄, 진리 불신 등 삼독의 먹구름은 일어나고 이때부터 불행은 시작되는 것입니다. 삼독의 먹구름을 걷어 내어 본래마음을 회복하는 데는 이기심을 이타심으로 돌려 무한히 베푸는 삶이 유일한 방법입니다. 조화로운 행복을 위하여 이웃이 모두 행복할 때까지 자신의 모든 역량을 무한히 베풉시다.

자신은 베푸는 사람인가 아닌가를 생각해 보아야 합니다.

• 2009년 7월, BTN〈희망법문〉

나누는 당신, 이미 행복이니

동지팥죽
공양법

　　시간은 잠시도 쉬지 않고 흘러갑니다. 물론 근
원에 도달한 자에 있어서야 한 시간, 하루, 이틀 따위의 분간이
있지 않지만……. 하지만 중생은 늘 나누어진 시간 속에 살고
있으니 하루 이틀 하던 것이 잠깐 사이에 한 달이 되고, 한 달
두 달 하더니 어느덧 일 년이요, 올해 내년 하다가 문득 죽음의
문턱에 이르게 됩니다.

　신사년 한 해만 해도 그렇습니다.

　세인들이 희망찬 새천년이니 21세기니 하면서 마치 무슨 큰
사건이라도 만들 것처럼 떠들던 일이 어제 일 같은데 별 보람된
일도 못 만든 채 한 해의 마감을 보니 왠지 씁쓸하고 조급해집
니다.

　옛 큰스님들은 이 신속한 세월을 '무상살귀(無常殺鬼)'라고까
지 표현하시며 실답고 참되게 살라고 말씀하셨습니다. 이 무상
살귀는 시시각각 사람의 생명을 노리는데, 남녀노소 빈부귀천

과 지식 유무를 가리지 않고 틈만 나면 잡아가니 촌음을 아껴 부지런히 수행하라 채찍질해 주신 것입니다.

겸하여 낡은 자동차는 굴리지 못하고, 늙은 몸으로는 수행하기 어려우며, 세월은 기다려 주지 않으니 순간순간을 실답게 닦아 나아가기를 권고하셨습니다.

오늘은 절기상으로 신사년의 막이 내려지는 동짓날입니다. 자고로 이날을 '작은설'이라고 하는데 그 이유는 우주 음양의 기운 가운데 양의 기운이 하지로부터 점점 쇠약해져서 오늘 동지에 극도로 약해졌다가, 자정을 기해 음의 기운은 줄어들기 시작하고 양의 기운은 다시 살아나기 시작하므로 동지를 한 해의 끝과 시작 기점으로 간주하는 것입니다. 동양에서는 이날 팥죽을 쑤어 조상님과 지신(地神), 가신(家神) 등 천지신명께 천신하고, 대문이나 벽에 뿌리며, 이웃과 함께 나누어 먹는 풍습이 있는데 이렇게 하면 집안의 모든 액과 살이 소멸된다는 믿음이 전해내려 옵니다.

좋은 전통과 미풍양속을 널리 포용하는 정서를 가진 불교계에서는 일찍이 불자들의 선근공덕(善根功德)을 닦을 좋은 방편으로 이날 대법회를 봉행해 왔습니다.

전통 민족 정서를 포용하여 불자들의 공덕도 늘려 주고, 더불어 부처님께서 베푸신 삶의 지혜까지 가르쳐 줄 수 있으니 불법(佛法)의 넓은 아량을 짐작할 수 있습니다.

산승은 오늘 동지팥죽 잘 먹는 법을 알려드리려 합니다.

나누는 당신, 이미 행복이니

모든 생명은 고통을 피하여 편안하고자 합니다. 즉 행복하고자 부단히 노력하여 진화를 거듭해 각자 오늘의 모습을 가지게 되었고 앞으로도 이 노력은 계속될 것입니다.

　신앙도 갖고, 일도 하고, 돈을 벌고 출세하려는 것. 심지어는 학문을 하는 것조차도 따지고 보면 자신이나 인류의 행복을 얻기 위한 몸부림이라 하겠습니다.

　욕구 충족을 위한 이러한 노력들은 물론 필요한 것이고, 나름대로는 아름다운 일이라 할 수 있습니다. 부처님께서는 보통 중생들이 추구하는 근본 욕구 가운데 재물욕, 이성욕, 식욕, 휴면욕, 명예욕 등을 '오욕락'이라 하셨습니다. 세속적으로 행복을 느끼자면 이 다섯 가지 욕구가 충족되어져야 합니다. 하지만 문제는, 이 욕구는 채우려 하면 할수록 절대로 채워지지 않는 속성을 지니고 있다는 것입니다. 욕망은 또 다른 욕망을 부추겨 마치 불난 집에 기름 부은 것처럼 더욱 치성해집니다.

　많은 사람들은 채울 수 없는 이 오욕락을 채우려다 패가망신하고 끝내는 고귀한 심성의 생명까지 더럽히고도 그만둘 줄을 모르니 한심한 일입니다. 지혜가 조금이라도 있는 사람이라면 재물도, 이성도, 그리고 명예 등도 진정한 행복을 가져다주지 못한다는 사실을 압니다.

　그렇습니다. 이 욕망은 인간을 괴로움의 수렁으로 끌어들이는 자석이며, 탐·진·치 삼독심을 더욱 키워 끝내 진정한 행복과 영원히 이별하게 만드는 독약입니다. 개개인의 삼재팔난(三

災八難)이나 사회적으로 야기되는 환란들을 세밀히 살펴보면 잘 못된 가치관, 즉 잘못된 욕구에 기인함을 알게 됩니다. 그렇다 면, 진정으로 행복하자면 올바른 가치관이 정립되어야 하고 허 망한 욕망을 쉬어야 한다는 결론에 도달하게 됩니다. 치성한 불 꽃 같은 자기중심적인 욕망을 멈추지 못한다면 개인적으로는 삼재팔난이 끊이지 않아 행복은 점점 멀어질 것이요, 사회적으 로는 반목과 갈등이 멈추지 않아 끝내 공멸을 면치 못할 것입니 다. 자신의 행복과 인류 평화를 원한다면 먼저 탐·진·치 삼독 의 불을 꺼야 하며, 재·색·식·수·명 오욕락을 공유하는 노 력이 필요합니다.

동짓날 팥죽을 먹어서 악귀(邪)를 몰아내어 액란을 예방하 고자 하지만 탐욕을 버리지 못하고 즐거움을 독차지하려 든다 면 일 년 내내 동짓날을 삼아 팥죽을 먹는다 해도 액란은 멈추 지 않을 것입니다. 팥죽을 먹기 전에 맹렬하게 끓어오르는 탐· 진·치 삼독의 마음을 나무아미타불 육자염불로 바꾸어야 하 며, 탐욕이 일어나면 얼른 탐욕을 일으키는 이놈이 무엇인가를 살펴보아야 악귀는 물러갈 것이고 액란은 소멸될 것입니다.

그리고 개인의 행복을 지양하여 모두의 행복을 만드는 데 노 력을 기울여야 합니다.

즐거움을 이웃과 나누는 삶을 살고자 하면 그리되고, 그리되 면 비방을 쓰지 않아도 악귀는 침범치 못하고 액란은 닥치지 않 습니다. 한 해를 마감하는 이 마당에 지난 일 년을 꼼꼼히 돌이

나누는 당신, 이미 행복이니

켜 살펴보아야 합니다. 그리고 이 세상 그 어느 것도 영원하지 못하다는 진실을 깨달아야 합니다. 일 초, 일 분이 옮겨 어느덧 죽음의 문턱에 이르듯…….

다만 영원한 것이 있다면 그것은 나무아미타불을 생각하는 이놈뿐이고, 즐거움을 찾고 괴로움을 피해 보려는 이놈뿐이며, 진정한 행복은 선악을 분별할 줄 아는 이놈의 정체를 찾아내는 일 외에는 다른 방도가 없으니 하루 종일, 일 년 내내 나무아미타불, 나무아미타불!

"이 염불하는 놈은 누구인가?" • 2001년, 동지 법문

스승님!
그립습니다

　　산길 낮은 곳에 옹기종기 모여 도란거리는 낙엽들을 스치며 산행을 하노라면 인간은 너무 많은 것을 가지고자 번민하고 그것을 지키기 위하여 더 많은 것을 잃어버린다는 생각에 씁쓸하다. 하지만 여름의 풍성한 푸름과 가을의 그 아름답던 자태를 자연의 순환에 아무런 저항조차 없이 떨어뜨리어 자신들을 감싸 길러 준 대지로 돌아가 은혜에 보답하는 그들을 보며 산행을 할 수 있는 것은 큰 복이다.

　자연은 전혀 대가를 바라지 않고 우리네 인간들에게 많은 것을 준다. 봄에는 아름다운 꽃을 선사하여 마음을 곱게 열어 주고, 여름엔 파란 그늘로 아옹다옹 다투는 중생심을 식혀 주며, 결실의 가을엔 인색한 가슴을 넉넉하고 따뜻하게 해 준다. 또한 알몸으로 누워 있는 겨울의 대지는 멈춤의 지혜와 모든 집착에서 벗어나야 진정한 즐거움을 얻을 수 있다는 무언의 가르침을 준다.

　　　　　　　　　　　　　　나누는 당신, 이미 행복이니

나에겐 늘 고목나무이셨던 은사스님께서 입적하신 지 몇 개 성상(星霜)이 훌쩍 지나갔는데도 잎을 떨어뜨리는 고목의 무언 설법(無言說法)을 만나는 계절이면 은사스님이 못 견디게 그리 워진다.

스님의 한평생 삶은 실로 광활하고 적묵(寂黙)한 대지였으며, 한 그루의 고목과 같이 우리 후학들에게 무언의 가르침을 내리 신 삶이셨다.

스님께서는 평생 아무런 명예를 가지지 않으셨다. 중이 명리 (名利)를 쫓아 백 년을 사는 것은 마음 닦으며 하루를 사는 것만 못하다 하셨다. 다만 열반하시기 몇 년 전 잠깐 동안 조계종 종 단의 덕 높으신 스님이라 해서 원로의원의 자리에 추대된 것이 명예라면 유일한 명예일까?

스님께서 평생 입으신 옷은 남들이 입다 버린 몇 벌 누더기 가 고작이다. 상좌들이 옷을 해 드릴라치면 옷은 흉스런 송장 덩이 가리면 족한 것이라며 불호령을 내리셨다.

스님께서는 개인적으로 신도를 두고 공양 받은 적이 없으시 다. 수행자가 하루 세 끼 바릿대 공양의 시주 은혜도 너무 무겁 다는 것이었다. 스님께서는 방 청소는 물론 세탁이나 일체의 일 용사를 스스로 해결하셨다. 고무신이라도 몰래 닦아 놓으면 내 수족이 멀쩡한데 누구에게 수고를 끼치겠느냐며 다시 닦으셔서 무안을 주어 다시는 수발을 들어 드릴 마음도 못 내게 하신다.

스님은 일평생 보약 한 첩 드신 적이 없으시다. 이 몸은 무상하여 아무리 잘 먹이고 입혀도 끝내 한 줌 흙으로 돌아가니 수행할 수 있을 만큼 먹이고 입히면 족하다 하셨다.

열반하시기 얼마 전 낙상으로 허리를 다치셔서 평생 처음으로 병원에 입원하신 일이 있는데 의사 진단은 영양실조로 골다공증과 각부 장기가 극도로 약화되었으니 잘 잡수시라는 처방을 받으시고도 식생활을 여전히 바꾸시지 않으셨다.

아흔의 노구에도 불구하시고 대중과 함께하는 조석예불과 공양을 한 번도 거르시지 않으시던 스님께서 저녁예불을 드리기 위해 옆에서 시중드는 시자도 없이 법당에 오르시다가 현기증으로 떨어지셔서 중상을 입으시고 21일간 병원 치료를 받으시다가 가신 것이다. 늘 모시지 못한 죄책감과 이제 뵈올 날이 얼마 남지 않았다는 예감으로 병원으로 매일 찾아뵈었는데 출가입실 사십 년 만에 처음으로 손을 꼭 잡으시고 바쁜 사람 오게 하여 미안하다 하시며 이제 몸을 버릴 때가 되어 이러는 것이니 너무 걱정들 말고 각자 자기 일들 잘 보고 누구든지 이와 같이 가는 것이니 열심히 정진하라 분부하시는데 존안은 오히려 더욱 편안하셨다. 스님은 이미 생명에 대한 애착 따위는 다 비우신 것이었으리라. 아니, 우주 섭리에 순응하는 자연과 같이 이렇게 와서 이렇게 가는 것임을 모두에게 보이신 것이리라.

한 인간의 삶이 이러했다면 가히 멋진 삶이라 할 수 있지 않겠는가?

스님의 가르침은 늘 수행에 채찍질하여 늙기 전에 생사대사

나누는 당신, 이미 행복이니

(생사윤회)를 해결하라는 데 귀결된다. 부귀공명이 허공 꽃이요 이 몸이 지금은 있다 하지만 잠시 후에도 있으리라는 보장이 없으니 이 몸 성할 때 부지런히 정진하라고 늘 그렇게 채찍질해 주셨다.

스님께 두 가지 죄스러움이 있다. 하나는 그렇게 간절히 채찍질해 주셨는데 아직도 생사대사를 명쾌히 해결하지 못한 것이고, 또 하나는 이제 곧 갈 것이니 의사 선생님과 문병 오는 여러분들께 수고를 끼쳐 드리지 말고 수덕사 당신께서 기거하시던 방으로 데려다 달라시는 분부를 실낱같은 희망을 버리지 못하여 – 생각하면 어리석은 중생심이었는데 – 병실에서 가시게 한 일이다.

하지만 한 가지 당당히 말씀 드릴 수 있는 것도 있다.

출가본지(出家本志)를 한시도 망각한 일이 없다는 것이며, 나의 삶을 스승님과 부처님 삶에 비추어 채찍질하는 데 게으르지 않은 일이 그것이다.

한 가지 더 있다. 승속(僧俗)을 막론한 세상이 아무리 오물스럽고 각박하게 변해도 나는 한 그루의 고목, 춘하추동과 풍한서습을 온몸으로 감당하면서 무던히 주기만 하는 그런 고목나무이고자 하는 신념을 잃지 않음이다.

매일매일 산행하면서 늘 밟는 그 대지요, 어제도 보던 그 나무인데 은사스님을 다시 뵐 수 없는 지금 대지는 더욱 넓은 품으로 반겨 주고 고목나무는 더욱 큰 그늘로 다가온다.

은사스님! 스님은 저에게 있어 묵묵히 그 자리에 서서 모든 것을 주기만 하는 고목나무이십니다. 만물을 실어 길러내고 감싸주는 대지이십니다.

스님! 이 사바에 다시 오소서. 그리하여 더욱 밝은 빛으로 중생의 어리석음을 벗겨 주소서. •2003년 11월, 은사스님 3주기

나누는 당신, 이미 행복이니

부처가 되는 삶

天上天下 唯我獨尊
三界皆苦 我當安之
하늘 위 하늘 아래 오직 나 홀로 존귀하다
모든 세계 온갖 중생살이 고통뿐이니 내 마땅히 편안하게 해
주리라

이것은 부처님께서 인도의 가비라국 정반왕의 태자로 탄생
하실 때 외치신 말씀으로 부처님께서 중생에게 주신 가장 큰 선
물입니다.

오늘은 불기로는 2551년이지만 부처님께서 탄생하신 지는
2631주년이 됩니다.

불기는 부처님 열반하신 해부터 지나온 햇수이고, 세상에 80
년을 사셨으니 2551년에 80세를 보태 탄생하신 날은 2631년 전
음력 4월 8일이 되는 것입니다.

유사 이래 인류 최고의 스승이신 석가모니 부처님께 귀의한 제자로서 영평사 주지 환성이가 이 뜻깊고 기쁜 날 부처님을 대신하여 탄생하시자마자 사방으로 일곱 걸음을 걸으시고 한 손은 하늘을, 한 손은 땅을 가리키며 외치신 이 말씀을 알기 쉽게 풀어 부처님 오심을 기쁘게 봉축하는 효성스러운 사부대중 여러분과 함께 어떻게 살아야 부처님 은혜에 보답하는 일인가를 살펴보고자 합니다.

먼저 '모든 세계 온갖 중생살이 고통뿐'이라고 하신 말씀을 살펴보겠습니다.

세상살이는 즐거움보다는 괴로움이 많다는 것은 여러 불자님들이 다 잘 아는 사실일 것입니다.

그러면 중생들의 고통은 무엇 때문에 생길까요? 나와 너라는 분별심으로 너는 하찮고 나는 대단하다는 착각을 하게 되고, 이러한 착각은 차별심을 일으키게 되어 여기서부터 고통은 시작됩니다. 이러한 분별심, 차별심은 자기만을 사랑하는 애착심을 일으켜 고통은 더욱 커집니다.

또한 애착심은 자기만 행복하려는 이기심을 내고, 자기만 행복하려는 이기심을 채우려다 보니 온갖 욕심을 부리게 되며 온갖 욕심을 다 부려도 가지고 싶은 만큼 안 되니까 성질내고 행패부리고, 그래도 뜻대로 안 되니까 양심도 저버리면서 온갖 부정한 계교(計巧)와 어리석은 행동을 서슴지 않고 저질러 더욱 큰 고통을 자초합니다. 자기를 행복하게 하려고 일으킨 탐내고,

나누는 당신, 이미 행복이니

성질내고, 어리석음을 저지르게 한 삼독심은 자신을 행복하게 하기는커녕 도리어 자신을 고통스럽고, 불행하게 만들며 사회 혼란의 주범으로 만듭니다. 이쯤 살펴본 우리는 고통의 원인이 다른 곳에 있는 게 아니라 '나'라고 하는 생각, '내 것'이라는 착각, 즉 자기 자신이 문제라는 것을 알 수 있습니다.

그럼 어떻게 하면 고통과 불행에서 벗어나 자신의 즐겁고 행복한 삶과 사회 안정, 생명 평화에 보탬이 되는 삶을 살 수 있겠습니까?

탐내고, 성질내고, 어리석은 계교인 세 가지 어둡고 독한 마음 삼독무명심을 버리면 됩니다.

삼독무명심은 어떻게 하면 버릴 수 있겠습니까?

자기만 행복하려는 이기심을 버리고 모든 생명이 다함께 행복하게 할 이타심을 가져야 합니다.

이기심은 어떻게 하면 버릴 수 있을까요?

나는 나고 너는 너라는 분별심과 나는 대단하고 너는 하찮다는 차별심을 버리고, 너와 나 나와 너는 둘이 아니고, 현상계와 나는 다르지 않음을 깨달으면 됩니다.

우리는 이제 어떻게 하면 다 함께 행복할 수 있는가를 알게 되었습니다.

그러면 많은 사람들로부터 태자의 신분인 자기가 높다고 한 말이라는 오해를 받게 된 '하늘 위 하늘 아래 나 홀로 존귀하다' 하신 말씀을 살펴보겠습니다.

이 말씀은 태자로 태어난 자기 자신을 높여 부른 오만스런 말이 아니라, 분별심과 차별심을 버린 사람은 누구나 다 '하늘 위 하늘 아래 가장 존귀한 존재이며, 모든 중생들의 본바탕은 분별심과 차별심을 버리고 평등심을 이룰 능력이 있다. 그러므로 모든 존재들은 존귀하다'고 하신 말씀입니다.

나는 대단하고 너는 하찮다는 분별심을 버리면 나도 부처요 너도 부처님으로 보이므로 모든 생명이 존귀한 존재로 보입니다.

나는 대단하고 너는 하찮다는 분별심을 버리면 이웃집 강아지도 부처님이요 우리 집 쥐새끼, 바퀴벌레도 부처님으로 보이므로 모든 생명이 존귀한 존재로 보입니다.

나는 대단하고 너는 하찮다는 분별심을 버리면 공자님도 부처님이요 도척이도 부처님으로 보이므로 모든 생명이 존귀한 존재로 보입니다.

나는 대단하고 너는 하찮다는 분별심을 버리면 나를 달달 볶아 대는 시어머님도 부처님, 나를 굶겨 죽이려는 며느리도 부처님으로 보이므로 모든 생명이 존귀한 존재로 보입니다.

나는 대단하고 너는 하찮다는 분별심을 버리면 하느님도 부처님, 사탄도 부처님으로 보이므로 모든 생명이 존귀한 존재로 보입니다.

나는 대단하고 너는 하찮다는 분별심을 버리면 사기꾼도 부처님이요 자선사업가도 부처님으로 보이므로 모든 생명이 존귀

나누는 당신, 이미 행복이니

한 존재로 보입니다.

빈부귀천, 남녀노소, 기는 놈, 뛰는 놈, 걷는 놈, 나는 놈 등등 겉모양 생김생김을 따라 분별하고 시비하니 고통과 불행을 불러들이는 중생놀음이 되고, 나와 너, 생김생김을 떠나 한 가지로 평등하게 보는 영명하고 영명한 참마음을 쓰니 즐거움뿐인 부처님 자비행이 되는 것입니다.

어떤 삶이 고통과 불행을 부르는 중생놀음이겠습니까? 나 살고 너 죽자는 심보, 나는 옳고 너는 그르다는 심보, 나는 귀하고 너는 하찮다는 비뚤어진 심보를 쓰는 것입니다.

어떤 삶이 고통과 불행을 부르는 중생놀음이겠습니까? 이웃집 강아지는 귀여워하고 우리 집 쥐새끼, 바퀴벌레는 얄미워하는 마음입니다.

어떤 삶이 고통과 불행을 부르는 중생놀음이겠습니까? 공자님은 받들어야 할 성인이요 도척이는 죽여야 할 도적놈이라는 분별심입니다.

어떤 삶이 고통과 불행을 부르는 중생놀음이겠습니까? 시어머님은 원수로 삼고 친정어머니만 어머니로 보는 심보입니다.

어떤 삶이 고통과 불행을 부르는 중생놀음이겠습니까? 아들 따라온 며느리는 원수요 낯선 남자 따라간 딸은 귀하게 보이는 심보입니다.

어떤 삶이 고통과 불행을 부르는 중생놀음이겠습니까? 예수님은 받들어야 하고 부처는 죽여야 할 사탄이라는 심보요 부처님은 받들어야 하고 예수는 없애야 할 외도라고 하는 심보입니다.

그러면 어떠한 삶이 자신과 모든 생명에게 행복을 뿌리는 부처님의 삶인가?

나도 부처, 너도 부처님이요 모든 생명과 자연 환경이 다 부처님이시니 모든 이웃과 다투지 않고 자연 환경을 해치지 않음은 물론 생김생김, 신분 여하를 막론하고 모든 생명들을 부처님, 하느님 받들듯이 존중하여 그들을 행복하게 하는 것입니다.

효성스러운 불자 여러분! 여러분은 지금까지 어떤 삶을 살아오셨습니까?

고통과 불행을 불러들여 이웃에게 피해 주는 중생놀음을 일삼아 왔는지, 행복을 뿌려 자신의 행복은 물론 이웃에게 도움을 주는 부처님의 삶을 살아 왔는지 스스로 알 것입니다.

절에 다니고 매년 정성을 다해 부처님 오심을 봉축하는 목적은 중생놀음을 청산하고 부처로서 살기 위한 일입니다.

알게 모르게 나는 나, 너는 너라는 분별심과 나는 대단하고 너는 하찮은 놈이라 여겨 가족과 이웃을 미워하고 질투하는 등의 모든 악업을 이 자리에서 말끔히 참회합시다.

참회하면 죄가 없어져 행복을 얻을 것이요, 참회치 않으면 죄업은 더욱 커져 한량없는 고통을 겪어야 할 것입니다.

모두 눈을 감고 가슴에 손을 얹으십시오. 그리고 무량겁 전부터 알게 모르게 몸으로 지은 죄, 입으로 지은 죄, 뜻으로 지

나누는 당신, 이미 행복이니

은 죄를 진실하게 참회합시다.

모든 이웃과 화해하십시오. 화해하면 여러분과 자식에게 한량없는 복덕이 있을 것이요, 화해치 않으면 여러분과 자식 대대손손에게 견딜 수 없는 재앙이 끝 없을 것입니다.

모두 눈을 감고 가슴에 손을 얹으십시오. 그리고 무량겁 전부터 알게 모르게 남을 원망하고 척진 일들을 남김없이 참회하고 화해합시다.

참회하고 화해하신 분들은 진실된 불자로서 하늘 위 하늘 아래 가장 존귀한 분들입니다.

참회하고 화해한 분은 편안할 것입니다. 행복은 더욱 커졌을 것입니다.

마지막 말씀 '내 마땅히 편안하게 해 주리라' 하신 말씀은 더 설명하지 않아도 될 것입니다. •2007년 5월 24일, 봉축 기념 법문

행복의
방법

양력으로는 신묘년도 벌써 두 달이나 빠져 나가고 있지만 음력으로는 정월 하순입니다. 그러니 새해 덕담을 한다 해도 크게 어긋나지는 않을 듯합니다.

우선 유순·지혜의 상징인 토끼해에는 불자님 모두 부처님의 자비와 지혜를 실천하는 삶으로 행복해지시기를 축원드립니다.

새해 덕담으로 부처님께서 설하신 '내가 싫으면 남도 싫어한다'라는 법문을 소개하여 행복해지는 방법을 새해 선물로 드리고자 합니다.

부처님께서 구사라국의 벨루드바레야 마을 북쪽 한 숲에 계실 때의 일입니다.

어느 날 마을 사람들이 부처님을 찾아와 '성인의 제자는 어떤 마음가짐으로 살아야 하는지'를 여쭈었습니다.

부처님은 이렇게 가르치셨습니다.

나누는 당신, 이미 행복이니

만약 누가 나를 죽이려 한다면 나는 좋아하지 않는다.
내가 좋아하지 않는 것이면 남도 그럴 것이다.
그런데 어떻게 남을 죽이겠는가.

만약 누가 내 물건을 훔치려 한다면 나는 좋아하지 않는다.
내가 좋아하지 않는 것이면 남도 그럴 것이다.
그런데 어떻게 남의 물건을 훔치겠는가.

만약 누가 내 아내를 범하려 한다면 나는 좋아하지 않는다.
내가 좋아하지 않는 것이면 남도 그럴 것이다.
그런데 어떻게 남의 아내를 범하겠는가.

늘 이렇게 생각하여 살생하지 않고, 훔치지 않고, 사음(邪淫)
하지 않는 계율을 지켜야 한다.

또 만약 누가 나를 속이려 한다면 나는 좋아하지 않는다.
내가 좋아하지 않는 것이면 남도 그럴 것이다.
그런데 어떻게 남을 속이겠는가.

만약 누가 나와 친구를 갈라지게 한다면 나는 좋아하지 않는
다. 내가 좋아하지 않는 것이면 남도 그럴 것이다.
그런데 어떻게 남의 친구를 갈라놓겠는가.

만약 누가 나를 욕한다면 나는 좋아하지 않는다.
내가 좋아하지 않는 것이면 남도 그럴 것이다.
그런데 어떻게 남을 욕하겠는가.

만약 누가 나에게 꾸며대는 말을 한다면 나는 좋아하지 않는
다. 내가 좋아하지 않는 것이면 남도 그럴 것이다.
그런데 어떻게 남에게 꾸며대는 말을 하겠는가.

늘 이렇게 생각하여 거짓말하지 않고, 이간질하지 않고, 나
쁜 말 하지 않고, 꾸며대는 말 하지 않는 계율을 지켜야
한다.

또한 부처님에 대한 무너지지 않는 깨끗한 믿음과 진리에 대
한 무너지지 않는 깨끗한 믿음과 청정한 교단에 대한 무너지
지 않는 깨끗한 믿음을 가져야 한다.

이렇게 일곱 가지 계율과 세 가지 깨끗한 믿음을 성취한 사
람이라야 성인의 제자라 할 수 있느니라.
ㅡ『비뉴다라경(鞞紐多羅經)』

이 법문은 계율의 중요성을 강조하신 말씀입니다.
계율(戒律)은 불자라면 누구나 지니고 실천해야 할 덕목이며

　　　　　　　　　　나누는 당신, 이미 행복이니

선정(禪定), 지혜와 함께 불도를 수행하는 사람이 반드시 닦아야 하는 가장 기본적인 것으로서 삼학(三學) – 계학(戒學)·정학(定學)·혜학(慧學) – 가운데 첫 번째 자리에 위치해 있습니다.

계율을 잘 지킴으로써 마음이 안정되어 선정이 생기고 바른 안목이 나오기 때문에 계율을 선정과 지혜의 그릇이라고까지 하는 것입니다. 또한 계율은 부처님께서도 전 생애를 통하여 직접 실천하셨기에 불행(佛行), 즉 부처님의 행위라 합니다. 그러므로 계행을 잘 닦고 실천한다는 것은 바로 내가 직접 부처님 행동을 하는 것이어서 계율을 지키는 즉시 자신이 부처님과 같아지는 것입니다.

위 법문 가운데 앞의 세 가지, 살생·도둑질·사음은 몸으로 저지르기 쉬운 잘못된 행위이고, 뒤의 네 가지, 거짓말·꾸밈말·이간질·악담은 입으로 저지르기 쉬운 잘못된 행위입니다.

통틀어 일곱 가지 온당치 못한 행위들은 저지르게 되면 마음이 찝찝하고 기분이 나빠지는 일들입니다. 찝찝하거나 기분 나쁜 일들은 행복하지 못한 것들이지요.

은근히 타이르시는 부처님의 자비롭고 친절하신 화법이 대단하십니다.

'지켜야 한다', '저지르지 말라'가 아니라 기분 좋은 일이 아니니 알아서 하라는 식의 말씀은 지시보다도 더 깊은 곳을 크게 움직이게 합니다.

잠시 생각해 봅시다. 과연 행복이란 무엇인가? 삶에 있어 어떤 상태를 행복하다고 말할 수 있을까?

행복을 느끼는 데는 사람마다 다르겠지만 단적으로 말한다면 기분이 좋은 것, 마음이 상쾌한 것, 이런 것이 아니겠는가.

생명체로서 가장 기본적으로 춥고 배고프면 기분이 나쁘고(不幸), 등 따습고 배부르면 기분이 좋고(幸福), 불자님들의 마음이 지금 기분이 좋다면 더 이상의 행복은 없다고 알아도 틀리지 않습니다. 아니, 그렇게 느낄 줄 알고 늘 기분 좋을 일을 계획하고 실천하는 사람은 행복한 사람입니다.

부처님께서는 이런 말씀도 하셨습니다.

"나도 기분 좋고 남도 기분 좋을 말과 행동을 해야 행복할 수 있다."

이 말씀에 비추어 앞의 법문을 다른 각도에서 살펴보면,

죽음에 처한 생명을 살려내는 일은 기분 좋은 일이다.
어찌 부지런히 방생하지 않겠는가.

내가 가진 것을 나누는 일은 기분 좋은 일이다.
어찌 부지런히 일하여 이익을 나누지 않겠는가.

지조 있고 정숙한 배우자를 가진 것은 기분 좋은 일이다.
어찌 이웃의 지조와 정숙을 지켜 주지 않겠는가.

나누는 당신, 이미 행복이니

늘 이렇게 생각하여 방생하고, 보시하며, 지조 있는 삶을 살아야 한다.

정직한 말은 기분 좋은 말이다.
어찌 정직한 말만 하지 않을 수 있겠는가.

화합은 기분 좋은 일이다.
어찌 등돌린 그들을 화해시키지 않겠는가.

사심 없는 말은 기분 좋은 말이다.
어찌 온당한 말, 이익을 주는 말만 하지 않을 수 있겠는가.

부드럽고 따뜻한 말은 기분 좋은 말이다.
어찌 덮어 주고 쓸어 주는 편안한 말만 하지 않을 수 있겠는가.

늘 이렇게 생각하여 진실한 말, 화합의 말, 이익 되는 말, 부드러운 말을 생활화해야 한다.

이렇게 행동하는 사람이 행복하지 못하다는 것은 상상조차 할 수 없는 일일 것입니다.
이에 더하여 부처님과 가르침과 수행자를 믿고 따른다면 행복하지 아니하려 해도 행복하지 않을 수 없을 것입니다.

부처님은 중생의 행복을 목표로 수행하여 그 뜻을 이루신 분이시고, 그분의 가르침은 따르기만 하면 누구나 기분 좋은 것들이며, 부처님과 부처님의 기분 좋은 가르침을 전적으로 믿고 실천하는 사람이 수행자이기 때문입니다.

영평 가족 여러분, 유순하고 지혜롭다는 토끼해 신묘년엔 늘 유순한 마음으로 부처님의 행을 실천하여 이웃을 기분 좋게 해 주고, 삼보, 즉 부처님과 가르침과 수행자들께 깨끗한 믿음을 바쳐 부처님의 지혜를 얻어 최고의 행복자가 되시는 행복원년(幸福元年)이 되시길 희망합니다. •2011년 2월 26일

나누는 당신, 이미 행복이니

무슨 권리로

우리들(모든 생명)이 살아가고 있는 한반도에서는 지난겨울 수백만의 생명들을, 볼 줄 알고, 들을 줄 알고, 느낄 줄 아는 그들의 몸부림과 절규를 분명히 보고 들으면서도 산 채로 무참히 땅에 묻어 버렸다.

그들이 원하였을 가능성은 조조(兆兆), 억억(億億), 천천(千千) 분의 일도 되지 않았을 것임은 너무나 분명하다.

인간이 무엇이기에 그럴 자격이나 권리가 있는가?

그럴만한 권리는 조조조(兆兆兆), 억억억(億億億), 천천천(千千千) 분의 일도 가지지 못했음 또한 너무너무 분명하다.

그런데 인간들은 만행을 저질렀다. 그것은 분명 만행이었다.

더 많은 피해를 예방한다는 인간들의 지극히 편의적이고 주관적인 잣대로······.

억울한 죽임을 당한 저들에게 '이해해 주라', '원망하지 마라', '울지 마라', '위로한다', 그 어떠한 말도 할 수 없다.

저들의 억울함이, 원한심이 그 어떠한 앙갚음으로 덮쳐온다 해도 지나치지 않을 것이다. 달게 받아야 하리라.

저들의 왕생극락을 빌면서 '나무아미타불' 염불이나 외울 수밖에 없는 무기력하고 유약하기 짝이 없는 '중'으로서의 자신이 너무너무 원망스럽다.

벗들이여!
태어나지 말라. 죽음의 고통이 있나니!
극락에 왕생하시라. 나고 죽음 없나니!
이 '중'의 염불을 들으시라.
그리고 불자님들은 소리 내어 함께 염불해 주시라.

나무 서방정토 극락세계 아등도사 무량수 무량광 여래불
나무아미타불! 나무아미타불! 나무아미타불! 나무아미타불!
나무아미타불! 나무아미타불! 나무아미타불! 나무아미타불!
나무아미타불! 나무아미타불! 나무아미타불! 나무아미타불!
나무아미타불! 나무아미타불! 나무아미타불! 나무아미타불!
나무아미타불! 나무아미타불! 나무아미타불! 나무아미타불!
나무아미타불! 나무아미타불! 나무아미타불! 나무아미타불!
나무아미타불! 나무아미타불! 나무아미타불! 나무아미타불!
나무아미타불! 나무아미타불! 나무아미타불! 나무아미타불!
나무아미타불! 나무아미타불! 나무아미타불! 나무아미타불!

나누는 당신, 이미 행복이니

나무아미타불! 나무아미타불! 나무아미타불! 나무아미타불!
나무아미타불! 나무아미타불! 나무아미타불! 나무아미타불!
나무아미타불! 나무아미타불! 나무아미타불! 나무아미타불!
나무아미타불! 나무아미타불! 나무아미타불! 나무아미타불!
나무아미타불! 나무아미타불! 나무아미타불! 나무아미타불!
나무아미타불! 나무아미타불! 나무아미타불! 나무아미타불!
나무아미타불! 나무아미타불! 나무아미타불! 나무아미타불!
나무아미타불! 나무아미타불! 나무아미타불! 나무아미타불!
나무아미타불! 나무아미타불! 나무아미타불! 나무아미타불!
나무아미타불! 나무아미타불! 나무아미타불! 나무아미타불!
나무아미타불! 나무아미타불! 나무아미타불! 나무아미타불!
나무아미타불! 나무아미타불! 나무아미타불! 나무아미타불!
나무아미타불! 나무아미타불! 나무아미타불! 나무아미타불!
나무아미타불! 나무아미타불! 나무아미타불! 나무아미타불!
나무아미타불! 나무아미타불! 나무아미타불! 나무아미타불!
나무아미타불! 나무아미타불! 나무아미타불! 나무아미타불!
나무아미타불! 나무아미타불! 나무아미타불! 나무아미타불!

염불 마치옵고 머리 조아려 원하옵니다.

서방의 극락세계에 계시면서 고통 속의 일체중생 이끌어 들
이시는 아미타 부처님! 죽인 자, 죽임 당한 자 모두 거두어 안

양국(安養國)에 들게 하소서.

또 이 땅에서는 지금 당장 멈췄으면 좋을 그런 일도 삼 년째 진행 중이다.

억천만 년을 흘러 흘러 이루어진 강들의 몸을, 살점을 도려 내고 뼈대를 잘라내며 혈관을 가로막는 대수술이 가공할 속도 로 진행 중이다.

그 와중에 뭇 생명들이 죽임을 당하고 삶에 교란을 당해야 할 터이니 이 역시 천부당만부당한 인간 권한 밖의 만행이다.

이 또한 엄중한 과보를 초래할 악업임이 분명하다.

이런 큰 부담을 져야 하는 이 일들이 실로 강이라도 살리는 일인지는 나로선 여전히 풀리지 않는 의문이다. 억겁을 꿈틀꿈 틀 살아 흘러온 강은 죽은 바가 없기 때문에 '강 살리기 사업'이 라는 구호에 의문은 더욱 크게 다가온다.

어느 식자(識者)가 하는 말이 '강을 파내고 막고 하는 일들이 앞으로 해로울는지 이로울는지는 정부 당국자들도, 학자들도, 아무도 모르는 일'이란다. 그런 불확실한 일을 왜 하는지 이것 도 큰 의문이다.

위정자들이 국정을 운위함에 있어 더 깊이 생각하고 모든 존 재의 공생에 이로운 더 합리적인 방법을 찾게 할 수 있는 능력 이 없는 나 자신이 너무 초라하다.

그저 막연히 모든 존재 죽이는 행패가 아닌 만 생명들이 조화

나누는 당신, 이미 행복이니

를 이루며 살아갈 성업(聖業)의 공사가 되기를 기원할 뿐…….

나무 대자대비구고구난 관세음보살!

노자(老子)께서는 '천지불인(天地不仁) 이만물위추구(以萬物爲芻狗)', '천지는 어질지 않아 만물을 추구(芻狗)로 여긴다'고 했다.

추구, 짚으로 만든 개는 고대 종교의식에서 하늘에 제사지내는 데 쓰이는 신성한 도구이지만 의식이 끝나면 불에 태워지거나 내팽개쳐진다. 천지공사(天地公事) 속 인간의 운명도 추구와 조금도 다르지 않음을 종종 본다.

또 이런 말도 했다.

'천지불인(天地不仁), 천도무친(天道無親)'이라, '하늘은 어질지 않으며, 하늘의 도는 특정한 어떤 존재만을 편애하지 않는다'는 것이다. 전쟁도, 지진도, 홍수도, 가뭄도, 모두에게 두루 그 참상이 미치고, 전염병도 왕후장상을 가리지 않으며, 유식무식, 유전무전, 유권무권을 가리지 않는다.

무소불위의 만행을 서슴지 않는 인류에게 경종을 울리고 노자의 말씀을 다시 떠올려 절대 긍정하게 하는 참상이 일어났다.

3월 11일 일본 열도의 지축을 변형시킨 화산 폭발! 수만 명의 사람과 모든 존재들을 삼켜 버린 쓰나미! 그리고 인류의 그칠 줄 모르는 욕구가 만들어 낸 문명 이기(利器), 그러나 가공할 살상무기이기도 한 원전 시설 폭발!

무소불위로 하늘을 찌르던 인간들, 영장(靈長)이니 신의 아들이니 하면서 온갖 만행을 저지르던 인류, 이 거대한 자연의 아주 작은 몸짓 앞에 인간이 얼마나 왜소하고 무기력하며 일천한 존재인지를 똑똑히 목도했으리라.

어느 신앙교(信仰敎)의 최고 지도자라는 목사가 일본의 대참사는 하나님을 믿지 않고 불교를 믿는 죄로 하나님의 응징을 받은 것이라는 등의 미치광이 악마의 저주와도 같은 말을 해서 양식 있는 이들을 어리둥절하게 했다. 이 사회를 불행하게 하는 참으로 한심하고 유치하며 어처구니없는 망언이 아닐 수 없다.

그놈의 하나님은 악마임에 틀림없다. 악마가 아니고서야 어찌 그런 끔찍한 일을 저지를 수 있겠는가. 하기야 별로 놀랄 일도 새로운 말도 아니다. 그들이 의지하는 바이블에 보면 심판이니 죽이느니 죽여 씨를 말리라느니 하는 말들로 가득 차 있으니 말이다.

아무튼 그놈의 창조주를 믿기만 하면 아무리 착한 사람도 영락없는 악마를 만든다. 피를 나눈 형제라도 믿지 않으면 원수로 삼는 것을 보아도 그렇다.

징벌은 없다.

징벌할 악마 같은 신은 더더욱 존재하지 않는다.

인과응보요, 연기일 뿐 다른 까닭은 없다.

그럴만한 원인이 있었고, 조건이 익어 때가 되니 그렇게 된 것이다.

나누는 당신, 이미 행복이니

본래 어질지 않고 편애하지 않는 천지의 일상적인 몸짓이었고, 그저 지구별이라는 한 생명체가 보이는 생명 운동의 한 단면일 뿐이다.

지구촌이 떠들썩하다.

언제 자기 안방이 분화구가 될지, 산꼭대기에 걸치거나 바닷속 깊이 처박힐지 몰라 좌불안석이다.

이참에 자연을 가볍게 본 지난날들을 참회나 했으면 다행이겠다. 이참에 자연에 경외심을 가지며, 이웃 생명을 존중심으로 모실 것을 다짐했으면 불행 중 다행이겠다.

이참에 인간이 이웃 존재들을 좌지우지할 어떠한 자격이나 권리도 가지지 못했음을 철저히 깨달았으면 참 좋겠다.

이참에 걸핏하면 신이 어쩌고저쩌고 하는 정신병자들 본래 마음으로 돌아왔으면 더없이 좋겠다.

하지만 깨닫지 못한다. 어리석은 인간들은!

반성하지 못한다. 고집스런 인간들은!

핵폭탄을 계속 만든다. 가증스런 인간들은!

본래마음으로 돌아오지 못한다. 악마의 아바타들이기에!

여보게, 사람님들!

생매장이 만물의 영장을 자처하는 인간의 문명인가?

산하를 파헤치는 일이 개발인가?

핵폭탄의 파괴력이 커진 것이 과학의 발달인가?

은하계를 여행하는 일이 무슨 대수인가?

그래, 모두 그렇다고 치자.

행복한가? 참말로 행복하냐고?

제발 정신 좀 차리자!

진정한 행복이란 무엇인가?

모든 생명 질병 없는 세상, 굶주림 없는 세상, 죽임이 없는 세상, 강탈이 없는 세상, 다툼이 없는 세상, 건강하고 배부르며 서로가 살려내는 조화로운 세상을 꿈꾸어 본다.

이런 세상을 꿈꾸는 자만이 행복할 권리가 있는 자요 진정한 행복자다.

그런 세계를 설계해 본다. 억천만겁 후에 이루어진다 해도!

아니, 설령 영원히 이룰 수 없는 꿈이라 해도 설계하리라.

이 설계 도면이 실물화(實物化)될 때까지 뚜벅뚜벅 걸어가리라. •2011년 3월 15일

나누는 당신, 이미 행복이니

당신이
부처님이십니다

       봄은 만물을 회생시키기에 상서로운 계절이라 하고, 음력 4월 초파일 또한 모든 생명에게 큰 희망을 안겨 준 날이기에 참으로 환희롭습니다.

    일체 생명을 연민하시는 자비의 부처님이 오신 계절이기에 이 봄은 이렇게 상서롭고 희망과 기쁨이 넘치는 것입니다.

    적어도 불자들은 2,600여 년을 이렇게 상서로운 봄을 맞이했고 부처님 오신 날을 넘치는 기쁨과 희망 속에서 봉축해 오고 있습니다. 부처님은 지구촌 인류뿐만 아니라 전 우주, 전 생명에게 가장 큰 희망의 메시지를 가지고 오셨기 때문입니다. 그 메시지는 바로 '네가 너의 주인이고 네가 조물주다'라고 하신, 유사 이래 전무후무할 만고불변의 대웅변입니다.

    하지만 인류가 희망의 메시지를 받은 지 2,600여 년이 흐른 오늘날 세상의 불안과 혼탁은 더욱 깊어지고 중생의 고통도 더욱 커지기만 합니다.

사람은, 특히 불자는 이 고통, 이 불안 혼탁이 어디에서 오는 것인가를 살펴야 합니다.

혹자는 악마의 장난이라 할 것이고, 혹자는 신의 시험이라 하기도 할 것입니다. 또 어떤 사람은 모두 조상 탓이라거나 남의 탓이라 할 것입니다.

이렇게 잘못 알기 때문에 세상의 불안과 혼탁은 더욱 짙어지고, 중생의 고통 또한 더욱 다양해지고 커지는 것입니다.

불교에서는 같은 시대를 살아가는 생명들을 '동업중생'이라 하고, 그 시대에 일어나는 사회 상황을 '공업소치'라 하여 어떤 특정인의 탓이 아닌 공동 책임으로 받아들입니다. 자신에게 일어나는 모든 일들은 자기 자신의 몸과 입과 뜻으로 지은 바 선악 행위(善惡業)의 결과이며, 사회, 국가, 세계에서 일어나는 그 어떠한 일도 신의 상과벌도 아니고 조상이나 남의 탓도 아닌 구성원들이 함께 저지른 선악의 행위(업)가 만들어 낸 공동 작품이라고 합니다.

부처님께서 이 사바에 오신 까닭은 중생이 그대로 부처요 조물주로서 자기에게 일어나는 모든 일이 각자 자기의 탓이며 현재의 자기는 순전히 자기가 만들어 놓은 작품이라는 사실을 깨우쳐 주시기 위함이었습니다.

행복해지는 것도 불행해지는 것도, 악마가 되는 것도 성인이 되는 것도 전적으로 자기에게 달려 있으며, 천당도 지옥도 순전히 자기가 만든다는 사실을 알려 주어 자기가 자기의 주인으로

나누는 당신, 이미 행복이니

살게 하기 위하여 일부러 오신 것입니다.

그리하여 '악'을 버려 '선'을 행하고, '나'를 뛰어넘어 '우리
(友利)'가 되는 조화로운 삶의 방법을 알려 주시고자 일부러 오
신 것입니다.

이것이야말로 개인의 행복과 모든 생명들의 평등하고 조화
로운 행복을 이루는 최상의 방법이기 때문입니다.

금년 부처님 오신 날엔 우리 모두 지금의 자기는 순전히 자
기 작품임을 깨달아 행복과 평화를 만드는 작가가 되는 날로 삼
았으면 좋겠습니다.

앞으로의 자기 역시 자기가 만들어 갈 수밖에 별 도리가 없
음을 분명히 깨달아 순간순간 참된 주인으로서 사는 출발점으
로 삼았으면 좋겠습니다.

자기의 행복이나 불행이 순전히 자기 탓임을 자각하여 네 탓
타령과 원망의 속박에서 벗어나 손에 손을 맞잡고 우리 모두의
행복 창조를 시작하는 날이 되었으면 좋겠습니다.

동참하는 사부대중 여러분, 우리 모두 자기가 온전한 부처이
며 조물주임을 자각하여 이 시대의 아픔을 치유하고 가장 이상
적인 복지 사회 모델인 불국정토를 지금 이 땅에 구현하여 부처
님께 받은 큰 은혜에 보답하겠다는 서원을 2,638회째 생신을 맞
이하시는 부처님께 축하 선물로 공양 올립시다.

이러한 서원의 선물을 공양 올리신 사부대중 여러분이 진정
한 부처님이시고 조물주이심을 깊이 믿으므로 산승은 여러분을

진심으로 존경하고 예배합니다.

사부대중 여러분! 여러분과 모든 이웃 생명이 부처님이시고 조물주이심을 절대로 잊지 마십시오.

• 2014년 5월 6일, 봉축 기념 법문

나누는 당신, 이미 행복이니

당신은 무엇 때문에
언짢은지요

인류는 오랜 세월 인간 행복 내지는 세계 평화를 기대하면서 정형화된 교육을 시도해 왔다. 가정, 학교, 동서고금의 격언, 위인들의 전기, 종교 등의 가르침들은 일정 부분 사람들의 기대를 충족시켜 주었다. 그래서 사람들은 예의와 염치를 알게 되고, 옳고 그름을 판단하는 등의 기본 양식과 다양한 지식을 갖게 되었다. 그러나 마음을 편안케 하는 방법에는 아직도 서툴다.

남들이 보면 아주 작고 보잘것없는 일에 매달려 끙끙 앓고, 사람과 사람 사이에 사소한 일로 틀어지고, 평생 동안 등을 지고 살다가 무덤까지 가지고 가는 이들도 많다. 심지어는 부부, 부모 자식 간에도 그런 가슴 아픈 일들이 비일비재하다.

며칠 전 오랜 도반이 찾아왔다.

이 도반은 영평사라는 작지 않은 감옥을 만들어 따분하게 사는 필자를 위로하기 위해 일이 년에 한 번씩 들러 주는 고마운 도반 중 하나다.

이 도반은 오직 깨달음이라는 대업을 위해 일의일발(一衣一鉢)로 구름처럼, 바람처럼 유유자적하는 선객(禪客)이다. 필자 같이 불사(佛事)한다는 착각 속에 한 곳에 묻혀 사는 속물에게는 최고의 귀빈이요, 선지식(善知識)이다.

이렇게 훌쩍 와서 몇 마디 던지고 떠나는, 유유자적하는 멋진 도반들을 만나노라면 나이 육십 줄에도 초심을 잃지 않은 그들이 부럽기도 하고, 아련히 떠오르는 지난날의 추억에 고요한 행복을 느끼기도 한다. 그들의 배려 이상의 위로를 받게 되는 것이다.

며칠 함께 지내면서 중노릇 이야기, 세상 이야기, 주지로서 사람들 만나는 이야기, 운수(雲水) 시절의 이런저런 이야기로 밤새는 줄 모른다. 때로는 진지하고, 진솔하지만 심각한 것은 없다. 다 받아들이지도 않고, 그렇다고 막연히 흘려보내지도 않는다.

한 동이 맑은 백련꽃차가 바닥날 때쯤이면 우리 대화의 주제는 은연중에 '중노릇, 잘하고 있는가?'로 흘러 있다. 또한 '세상은 맑아질 수 있을까?', '사회 정의는 살아 있는가?', '과연 행복이란 무엇이며, 세계 평화는 가능한가?' 등의 주제 넘는 대화도 빠지지 않고 끼어든다.

결론은 '지구촌 구성원 중의 극히 일부인 인간의 마음에 달렸다'이다.

나누는 당신, 이미 행복이니

긍정과 배려의 마음은 이웃들을 행복하게 한다. 그리고 자신의 의식을 고양시켜 영혼을 맑힌다.

세상의 시끄러움도, 개인의 고통도 긍정과 배려심의 결여라 단언해도 틀리지 않을 것이다.

요즘 세상이, 아니, 세상은 자고로 시끄럽고 불안하여 위태롭게 비틀거리며 걸어가는 것이다.

다양한 교육을 받아 왔고, 하나의 정보를 세계인이 같은 시간대에 접할 수 있는, 뉴 미디어 시대라고 하는 이 시대에도 여전히 불안하고 위태로운 것은 무슨 까닭일까?

교육 - 정보나 지식 - 이 부족해서 그런 것 같지는 않다. 너무 편향된 물질적 욕구 - 재산, 명예, 지위, 애욕 등 - 가 주범일 듯하다. 그리고 긍정과 배려의 결여다.

우리의 물적(物的) 마음을 영적(靈的) 마음으로, 부정과 무관심을 긍정과 배려로 방향을 틀어야 할 필요가 있다. 그래야 지금 자신의 내면에 무슨 일이 일어나고 있는지를 알아차릴 수 있게 되고, 옳고 그름을 떠나 자신의 탓임을 긍정할 수 있게 되며, 진정한 행복이 어디에 있는지를 알게 된다.

가령 실수를 했을 때 사람들은 흔히 자책하는 척한다. 마치 그것이 반성하는 자세인 것처럼……. 때로는 자기를 북돋아 앞으로 나아갈 수 있는 채찍으로 삼기도 한다.

이 정도는 괜찮은 편이다. 흔히 남의 탓으로 돌리기 때문이다.

실수에 대해서 생각해 보자.

우선 실수한 자신을 받아들이고 인정하는 것이 중요하다.

'아, 내가 그랬구나!', '잘못된 행위였구나'. 그렇게 한 자신을 사실 그대로 알아차리고 인정하는 것이 긍정적인 사고다. 그렇게 실수한 나 자신을 인정하고 지나가도록 허락하는 것이 내 영혼에게 줄 수 있는 자비의 선물이며, 자기 배려다.

그리고 세심한 관찰이 필요하다.

항상 무엇을 하기 전에 하나하나 관찰하여 내가 무엇을 하려하는지 알아차리는 일이다.

자신에게 차갑지만 냉정한 질문을 던져 보라. '지금 이 행동이, 말들이 정당한가?', '공익적인가?'라고……. 가슴 깊은 곳에서 자신의 참된 양심이 판단해 줄 것이다.

자신의 행위를 진솔하게 긍정하고 다독이는 배려심은 이웃에게로 확산되어 이웃의 실수엔 이해하고 공로엔 박수를 보낼 수 있게 될 것이다.

그런 사람이 많아질 때 세상은 맑아지고 평화로워질 것이다.

세상은 쉼 없이 불타고 있다. 전산화 시스템으로 투명하다 못해 꼼짝달싹도 못하게 좁혀 오고, 모든 정보는 빠르고 효율적이어서 이보다 더한 편의와 풍요가 없을 것 같음에도 불구하고 인류는 행복해하지 못하고 늘 언짢아한다.

우리는 무엇 때문에 언짢은가?

자신과 이웃에게 일어나는 모든 상황을 남의 탓으로 돌리지 말라. 어떠한 일도 자기로부터임을 자각하라.

나누는 당신, 이미 행복이니

'아! 그렇구나', '그랬겠구나', '얼마나 고충이 컸을까?' 하고 긍정하고 배려해 보라. 금방 마음에 평화가 찾아올 것이다.

그런 당신에게 고부 갈등이나 부부 불화 따위는 없을 것이다.

삶 가운데 늘 '왜 그랬어?', '내가 알게 뭐야'를 그저 가벼운 마음으로 '아, 그랬구나', '얼마나 어려울까', '어려웠을까'로 바꿔 보라.

행복이 따로 있나, 마음이 편안하면 행복이지.

사회 화합이 멀리 있겠나, 긍정과 배려 속에 피어나는 꽃이지. •2007년 7월 20일, 〈금강뉴스〉 칼럼

어떻게
변화시킬 것인가

양력으로는 벌써 정해년도 한 달을 지나 벌써 2월에 접어들었지만 음력을 많이 쓰는 산중에서는 아직도 병술년 섣달이다. 어쨌든 병술년 한 해도 어느덧 저물어 가니 세월의 신속함을 알 듯도 하다.

지구에는 춘하추동 사계절이 있고, 인간에게는 생로병사 사고(四苦)가 있으며, 우주적으로는 성주괴공(成住壞空)이라는 사겁(四劫)이 있다. 하지만 잘 살펴보면 이러한 현상들은 착각된 중생심에서나 있는 듯한 것이지 실제로는 있다고 말하기가 어렵다.

입춘을 맞이한 지금 계절에 관해서 한 번 생각해 보자.

과연 어느 시점을 봄이라 할 것이며, 혹은 여름, 가을, 겨울이라 할 것인가? 동양에서는 음력으로 1 · 2 · 3월 석 달을 춘삼월이라 하는데 이때 식물들은 새싹이 움트는 등 눈에 보이는 생장 활동을 한다. 자연 현상인 신록(新綠)을 예로 들어 보면, 새

나누는 당신, 이미 행복이니

잎을 피우는 봄날의 산은 참으로 싱그럽다. 그리고 변화무쌍하다. 아침의 산색이 다르고 저녁의 그것이 다르다. 아니, 시시각각 다른 정취를 느낄 수 있는 것이 봄의 산과 들이다. 알고 보면 어느 시점 어느 순간을, 또는 어떤 유형을 '봄이다'라고 콕 집어 말할 수 없는 것이다. 아무리 살펴보고 분석해 보아도 '바로 이때가 봄이다'라고 할 수 없다. 봄의 형태라고 할 수 있는 것은 하나도 없기 때문이다. 잠시도 현재 상태 그대로, 즉 봄이라고 하는 분위기나 모습으로 머물러 있지 못하고 변해 간다.

지금이라고 하는 시간 자체도 조금 전에서 다음으로 넘어가는 연속 과정일 뿐 지금이라고 할 수 있는 시점이 있을 수 없듯이 봄의 푸름도 그렇다. 만일 봄이라는 것이 실체로서 있는 것이라면 여름이나 겨울에도 봄을 보고 만지고 느낄 수 있어야 한다. 나머지 계절들도 그렇고 지금이라는 시간도 마찬가지다. 이렇게 보면 우주 삼라만상 그 어느 것도 완전한 존재, 즉 고정불변의 실체는 없다고 할 수밖에 없다. 오히려 만들어져 가고, 되어져 가는 진행형이라고 하면 비슷한 표현이 될까? 변화의 연속일 뿐……. 이름하여 무상이다.

불교에서 파악한 제행무상관(諸行無常觀)을 잘못 이해하면 불교를 허무주의(虛無主義)로 치부하게 된다. 하지만 그것은 무지한 소치에서 오는 오해다. 무상의 의미는 아무것도 없어 허전하고 서글픈 허무와는 전혀 다른 것으로 변화의 연속을 말한다.

그러면 사람을 예로 살펴보자. 갓 태어나면 갓난애, 조금 성

현재의 나, 너, 혹은 그를
무엇에 의거하여 나, 너, 그라 부르는가?
지금의 나도 바로 이전의 나가 변하는 모습이며
바로 뒤의 나로 변해 가는 길목의 한 단면이니
어느 때의 모습을 나라고 할 수 있겠는가?

장하면 어린이라고 부른다. 그리고 청소년, 청장년, 노년, 이렇게 연령에 따라 다른 이름으로 부른다. 이것 또한 계절의 변화와 같이 변화하는 양상일 뿐 그 어떤 것을 붙잡아서 어린이다, 노인이다 할 만한 존재는 어디에서도 찾아볼 수 없다. 만일 그럴 수 있다면 어린애는 어린애 특유의 모습으로 태어나서 그 모습 그대로 있어야 될 것이고, 노인은 노인으로 태어나서 영원토록 노인의 모습으로 있어야 될 것이다.

그런데 사람은 태어나서 갓난애, 어린이, 청소년, 청장년, 노인이라는 변천 과정을 겪을 뿐 어느 하나의 고정물로 존재하지는 못한다. 변화의 연속만 있을 뿐이니 죽음 또한 변화의 한 단면이며 그런고로 죽음은 삶의 한 과정이지 끝남이 아니다.

그렇다면 현재의 나, 너, 혹은 그를 무엇에 의거하여 나, 너, 그라 부르는가? 지금의 나도 바로 이전의 나가 변하는 모습이며, 바로 뒤의 나로 변해 가는 길목의 한 단면이니 어느 때의 모습을 나라고 할 수 있겠는가?

인간은 탄생도 없고, 죽음도 없으니 태어났다고 기뻐할 일도 아니며, 죽었다고 슬퍼할 일도 아니다. 우주를 비롯한 지구촌도 무상의 법칙을 따르니 종말론 같은 있지도 않은 협박에 두려워할 것도 없다. 끊임없는 변화의 순환이 있을 뿐이다.

본래선인(本來善人)도 없고 영원한 악인(惡人)도 없다. 본래 가난뱅이도 없고 영원한 재벌도 없다. 원인과 조건을 따라 끊임없이 변화하니 늘 가변적이다.

나누는 당신, 이미 행복이니

대다수의 사람들은 운명론(運命論)에 호기심도 많고 그것에 주저앉기도 잘한다.

운명론가들은 운명이라 할 때의 운(運)을 조건에 따라 늘 변할 수 있는 것이고 객관적인 것인데 자기 삶에 있어 작용하는 힘이 70퍼센트를 차지하는 것으로 본다. 마음 쓰기에 따라 운명은 바뀔 수 있다는 말이다. 그리고 명(命)이 30퍼센트를 차지하는데 이것은 이미 정해진 것으로 주관적이고 바뀌지 않는 것으로 간주한다. 하지만 불교적으로 볼 때는 이 명도 자신이 어느 땐가 지은, 원인을 제공한 과보(果報)이기 때문에 숙명(宿命)이니 운명이니 하는 따위는 없다. 마음 쓰기에 따라 좋은 사주팔자도 어렵게 살 수 있고, 나쁜 사주팔자를 가진 사람도 편안히 살 수 있는 것이 운명이라면 운명이고, 운명은 마음 쓰기에 따라 늘 변하는 가변적인 것이다.

인생살이가 가변적이라면 어떻게 살 것인가? 어떻게 변화시킬 것인가? 중요한 것은 마음을 어떻게 쓰느냐 하는 각자의 마음이요 그 마음의 선택 여하에 달려 있다. '천 리 길도 한 걸음부터'라는 격언처럼 첫걸음이 중요하다. 여러 갈래의 길 가운데 어느 길에 발을 내밀 것인가?

산승은 당연히 악을 끊고 선을 실천하는 지악행선(止惡行善)의 삶을 살기를 모든 인류에게 간곡히 권장하며 간절히 기대한다.

악행은 불행의 씨앗(惡行卽不幸因)이므로 모든 부처님과 보살님들이 입이 아프도록 경계하셨고, 선행은 행복의 뿌리(善行卽幸福根)이므로 일체 불보살님들이 간곡히 권장하신 것이다.

음력으로는 아직 병술년 섣달이고 새해가 가깝다. 한 해를 마감하고 새해를 맞이하는 이때는 지난 일 년의 자기 삶을 회상하여 과오는 참회하고 잘한 점은 더욱 잘할 것을 다짐하며 새로운 설계를 하는 때이다.

구정을 맞이하면서 불자님들의 행복을 위하여 지악행선을 권장한다.

악행은 행복을 불행으로 변화시키는 마력(魔力)이다!
선행은 불행을 행복으로 변화시키는 불력(佛力)이다!

• 2007년 2월 16일

나누는 당신, 이미 행복이니

당신 삶의
섣달그믐은 언제?

경인년의 마지막 날이라고 하는 섣달그믐밤입니다.

이 순간에도 경인년의 종점(終點), 극점(極點)을 향하여 시계의 초침은 조금도 머뭇거리지 않고 돌아가고 있습니다.

오늘 우리는 각자 나름의 특별한 의미를 가지고 부처님 전에 모였습니다.

이처럼 섣달그믐밤은 생각 있는 사람들에겐 대단한 의미가 있는 시각입니다.

오늘이 경인년의 마지막 날, 일 년의 마지막 날이라면 인생에 있어, 내 인생에 있어 금생을 마감하는 그믐밤은 언제일까를 생각해 본 분이 있는지 모르겠습니다.

생각 있는 사람 가운데 더 생각 있는 사람이라면 당연히 내가 맞이해야 할 이 문제를 고민해 보았어야만 합니다.

일 년의 그믐은 이렇게 천 년 전, 만 년 전부터 예정되어 있었고, 앞으로 천 년, 만 년 뒤까지도 예고되어 있지만 그 누구라도 비껴가지 않을, 어떤 사람도 피할 수 없는 자기 인생의 그믐을 아는 사람은 극히 드뭅니다. 이 엄연한 사실조차 인식하는 사람 또한 극히 드뭅니다.

오늘 자정을 기하여 경인년의 종점이 되듯 여러분의 금생 종점도 분명히 들이닥친다는 사실을 먼저 떠나간 주변의 친지들이 친절하게도 분명하고 확실하게 보여 주었건만 아무도 자기 일로 받아들이지 않는 것이 인간이 가장 우선적으로 치료해야 할 큰 병통입니다.

그 시점이, 그 그믐밤이 지금 이 순간이 되는지 일 분 후 내지는 백 년 후가 되는지 모른 채 속절없이 죽음의 문턱, 그믐밤을 향하여 잘도 걸어가고 있는 것입니다.

누구에게나 이 일은 이미 예고도 되어 있고, 예정도 되어 있지만 알지 못하고 이렇게 태평하게 살아갈 수 있어 다행인지도 모르지요.

만약 사람이 죽는 순서와 시간이 정해지고 자기의 그것을 안다면 엄청나게 시끄럽고 혼란스러울 것이라고 말하는 소리를 듣고 공감하면서 웃은 적이 있습니다.

그 뒤 그 말을 생각하면서 그렇게 되었더라면 사람마다 차분히 내일의 일과 내생 일을 스스로 설계하면서 자기가 설계한 대로 착착 실천하며 사는 철난 삶을 살아갈 수 있지 않을까 하는 망상도 해 보았습니다.

나누는 당신, 이미 행복이니

오늘 경인년이라는 한 해를 결산하면서 동시에 신묘년이라는 새해를 큰 계획과 장밋빛 희망을 가지고 맞이하고 있습니다.

참으로 좋은 일입니다. 장담컨대 법우님들의 삶은 지금까지의 삶보다 분명 좋은 방향으로 전개될 것입니다.

이 중요하고 의미 있는 시점에 산승은 법우님들께 간곡한 당부를 드리고자 합니다.

그동안 해마다 해 오던 자기 고통의 근원인 탐욕을 더 키우는 너무 무지하고 근시안적인 계획을 지양하여 좀 더 장구하고 원대한 계획, 즉 고통의 근원을 제거하고 행복의 근원이 되는 큰 원력을 지향하자는 것입니다.

대개 사람들의 일 년 계획을 보면 지극히 제한적이고 고통의 연속이 될 자기중심적인 것들이기에 하는 말입니다.

새해엔 전혀 다른 세계를 열어 갈 것처럼 뜬 눈으로 기다려 맞이하는데 뜯어보면 그 내용이 그저 그렇고 그렇다는 말입니다.

하지만 해마다 이 시각 복잡다단했던 일 년간의 짐들을 훌훌 털어 버리고 가벼운 마음으로 새해를 맞이하는 것은 그나마 다행스러운 일입니다.

그러나 불자라면, 사람이라면 최소한 지난해엔 욕망을 얼마나 채웠나, 새해엔 얼마나 더 채울 것이냐의 문제가 아니라 나의 지난 삶의 질이 선(善)이었는가 악(惡)이었는가를 판단하는 시간이어야 하고, 새날 새해의 설계 이전에 내생(來生)을 설계하면서 이 밤을 새워야만 합니다.

'참다운 삶이란 무엇인가', '진정 가치 있는 삶이란 무엇인가'를 고민하는 시간이어야 합니다.

그런 사람이어야 새해를 희망과 기쁨으로 맞이할 수 있을 것이며 복된 내생을 보장받을 수 있게 됩니다.

많은 사람들이 기쁨과 희망으로 새해를 맞이하듯이 내생을 그렇게 맞이할 수 있다면 얼마나 좋을까요?

대개의 비불자(非佛子)뿐만 아니라 웬만한 불자들도 내생이라는 것 자체를 부정하는 사람들도 있고, 내생의 존재를 긍정하되 자기의 내생이 행복할는지 불행할는지 알 수 없어 불안해하는 사람들도 있습니다.

자기가 살아온 삶으로는 내생을 보장받을 수 없는 줄 스스로 아니까, 자신할 수 없으니까 한 많고, 갈등 많고, 고통 많은 세상이지만 그나마 금생의 삶을 놓치지 않으려고 발버둥칩니다.

다음 생을 보장받는 데는 돈 잘 벌고, 출세 잘하는 기술 따위는 전혀 힘이 되지 못합니다.

어떠한 요령이나 부정 수단도 통하지 않습니다.

먼저 묻겠습니다.

삶은 이번 생 한 번뿐일까요, 계속 되는 것일까요? 내생이 있을까요, 없을까요?

단언컨대 삶은 영원하고, 어떤 유형으로든 내생은 분명합니다.

그렇기 때문에 무시이래(無始以來)로 시방의 모든 부처님과

나누는 당신, 이미 행복이니

선지식들께서 입이 닳도록 내생을 준비하라고 권장하신 것입니다.

불보살님이나 선지식들은 중생을 절대로 속이지 않으십니다. 어떤 이들처럼 시험에 빠뜨리지도 않으십니다.

있는 사실(진리) 그대로를 보이심으로써 스스로 선택하도록 도와주십니다. 그리고 모든 중생이 행복의 길로 가도록 채찍을 내리십니다.

모든 부처님과 보살님 그리고 선지식들께서는 하나같이 사람 몸 얻기가 참으로 어렵고, 불법 만나기 또한 지극히 어렵다고 말씀하십니다.

우리는 다행히 사람 몸 얻었고 만나기 어려운 참다운 가르침인 불법을 얻어 만났습니다.

이 소중한 생, 이 생을 엄벙덤벙 살아서는 안 됩니다.

얻기 어려운 사람 몸, 이 몸 함부로 굴려서도 안 됩니다.

만나기 어려운 불법, 이 법 만났을 때 부지런히 닦아야 합니다.

그러지 않고는 내생을 보장할 수 없습니다.

어떤 세계에 처박힐지, 어떤 환경에 곤두박질칠는지 모릅니다.

이번 기회를 놓치고 만겁을 두고 후회해도 또 만나기 어렵습니다.

밥 한 술 남보다 적게 먹더라도, 옷 한 벌 남보다 허름하게 입더라도, 남보다 출세 길 두어 발짝 늦어지더라도 수행은 미루지 마십시다.

이 시각은 그믐밤이니 인생 그믐에 대하여 좀 더 생각해 봅시다.

죽음은 갑자기 들이닥칩니다.

엄벙덤벙하다가 경인년 그믐밤을 맞이한 것처럼 인생의 그믐밤도 이렇게 갑자기 들이닥치는 것입니다.

사실 각자의 그믐밤은 예고도 있고, 예정도 되어 있지만 아무도 아는 사람이 없으니 갑자기 당한다고 하는 것입니다.

누구나 자기도 언젠가 죽는다는 것은 다 알고 있습니다. 하지만 죽기 바로 직전까지 지금은 안 죽을 거라는 어리석은 기대를 가지고 있습니다. 심지어는 친구의 주검을 땅에 묻어 꾹꾹 밟으면서까지도……

지금은 젊으니까, 건강하니까, 이렇게 스스로를 위로하면서, 자신의 죽음에 대한 두려움을 감추면서 죽으리라는 사실을 망각합니다.

'땡감도 떨어진다', '죽음엔 순서 없다', '염라대왕이 데려갈 때 유전무전도, 유식무식도, 유권무권도 가리지 않는다'는 말이 있음을 상기해야 합니다. 또 '자식 장례 치르는 부모, 동생 장례 치르는 형도 많다', '공동묘지에는 늙은 묘보다 젊은 묘가 많다'는 말도 새겨들어야 합니다. 건강하니까 지금은 아니라고 장담하는 이들은 앓다가 죽는 이보다 갑자기 가는 사람이 훨씬 많다는 사실도 생각해 보아야 할 것입니다.

일언이폐지(一言以蔽之)하고 죽음은 미룰지언정 공덕행(功德

나누는 당신, 이미 행복이니

行)과 염불 수행은 어떠한 구실로도 미루지 맙시다.

이 두 가지 일이 복된 새해와 내생을 보장하고 금생이니 내생이니, 난다든지 죽는다든지 하는 모든 일들을 해결하는 열쇠이기 때문입니다.

금생이니 내생이니 하는 분별을 떠나지는 못할지라도, 생사초월은 어렵더라도 최소한 묵은해를 털어 버리고 새해를 맞이하듯이 금생을 미련 없이 털어 버리고 복된 내생을 맞이할 수 있는 참된 수행을 신묘년에는 반드시 성취합시다.

• 2010년 12월 31일

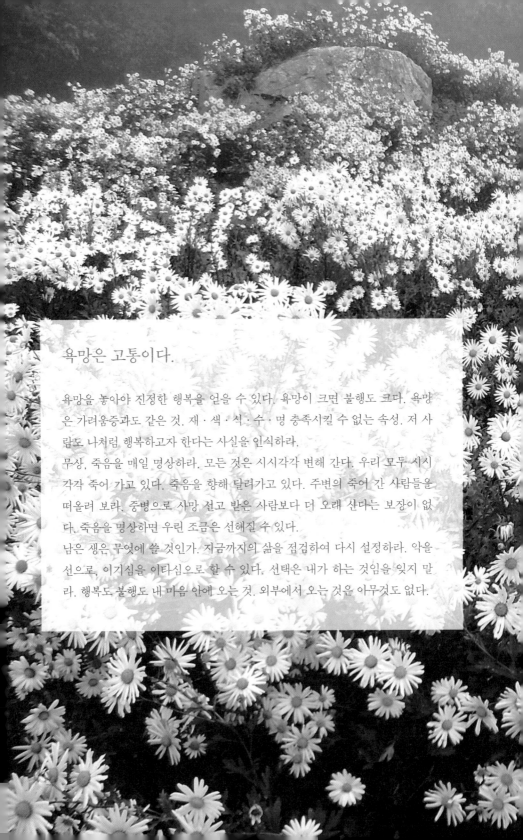

욕망은 고통이다.

욕망을 놓아야 진정한 행복을 얻을 수 있다. 욕망이 크면 불행도 크다. 욕망은 가려움증과도 같은 것. 재·색·식·수·명 충족시킬 수 없는 속성. 저 사람도 나처럼 행복하고자 한다는 사실을 인식하라.

무상, 죽음을 매일 명상하라. 모든 것은 시시각각 변해 간다. 우리 모두 시시각각 죽어 가고 있다. 죽음을 향해 달려가고 있다. 주변의 죽어 간 사람들을 떠올려 보라. 중병으로 사망 선고 받은 사람보다 더 오래 산다는 보장이 없다. 죽음을 명상하면 우린 조금은 선해질 수 있다.

남은 생은 무엇에 쓸 것인가. 지금까지의 삶을 점검하여 다시 설정하라. 악을 선으로, 이기심을 이타심으로 할 수 있다. 선택은 내가 하는 것임을 잊지 말라. 행복도 불행도 내 마음 안에 오는 것. 외부에서 오는 것은 아무것도 없다.

석가모니 부처님의 말씀에 의하면 이 사바세계
에 출현하여 중생을 제도하신 부처님이 여섯 분
더 계시다고 합니다. 즉 석가모니 부처님 이전
에 제일 비바시불, 제이 시기불, 제삼 비사부불,
제사 구류손불, 제오 구나함모니불, 제육 가섭
불에 석존을 더해서 칠불이라고 합니다. 이중에
앞의 세 분을 과거장엄겁의 삼불(三佛), 뒤의 네
분을 현재 현겁의 사불(四佛)이라고 합니다.

「칠불통계게」라고 하는 것은 이 일곱 분의 부
처님들께서 중생 행복을 위해 세상에 출현하시
어 공통적으로 가르치신 경계의 말씀입니다. 그
것은 "제악막작(諸惡莫作)하고 중선봉행(衆善奉
行)하여 자정기의(自淨其意)하라. 시제불교(是諸
佛敎)니라."라고 하는 짧막한 시구(詩句)입니다.
풀어서 말하면 '모든 악을 삼가 저지르지 말고
모든 선을 받들어 행하여 스스로 그 마음을 깨
끗하게 하라. 이것이 부처님의 가르침이다'가
됩니다. 이 「칠불통계게」는 불교를 단적으로 표
현할 때 자주 인용되는 말씀이어서 불자님들께
서도 잘 아실 것입니다.

모든 악을 삼가 저지르지 말라고 하신 것은
악행은 불행의 씨앗이기 때문입니다. 중생의 행

나누는 당신, 이미 행복이니

복을 위해 오탁악세(五濁惡世)에 일부러 오신 부처님들께서 당연히 경계하실 가르침입니다.

　악을 끊어 주신 것은 무량억겁을 통하여 저질러 온 불행의 씨앗인 악업을 소멸시켜 불행을 미리 막아 주신 것입니다. 그리고 모든 선을 받들어 행하라 하신 것은 선은 행복의 어머니이므로 중생이 언젠가 닦아 쌓았을 선근공덕의 종자를 잘 싹틔우고 자라도록 도와서 더욱 행복해질 수 있도록 해 주신 말씀입니다.

　여기에서 좀 더 자세히 살펴볼 점은 모두 경험해 보셨겠지만 남을 화나게 하려면 자신이 먼저 화가 나야 되고, 남에게 해코지하려는 마음을 내면 상대방이 해를 입기 전에 자신의 가슴이 먼저 멍들어 불안해지며, 이웃을 도우려는 마음을 내면 불우 이웃이 혜택을 입기 전에 자신의 가슴은 먼저 따뜻해져 벅찬 행복을 느끼게 된다는 사실입니다. 다시 말해서 일체 악은 자신을 해치는 일이며, 일체 선은 자신을 돕는 일이란 말씀입니다. 이 불행의 씨앗인 악을 그치고 행복의 어머니인 선을 행하라는 가르침이야말로 부처님들의 중생을 향한 자비, 중생 행복을 위한 자비의 백미라 할 수 있습니다.

　지악행선! 이렇게만 하면 마음은 스스로 맑아져서 모든 부처님의 마음, 본래의 마음을 회복하게 된다고 곧바로 가르쳐 주신 것입니다.

　불자 여러분, 인류 행복과 자신의 본래마음 회복을 위한 이 대작불사에 동참하시지 않으시렵니까? · BTN 〈3분 설법〉 중

부설거사 4허부구게
浮雪居士四虛浮漚偈

妻子眷屬森如竹　金銀玉帛積似邱
臨終獨自孤魂逝　思量也是虛浮漚

거느린 처자권속 삼이나 대처럼 많고
쌓인 금은옥백이 산더미 같아도
임종에 당하여 외로운 혼만 떠나가니
생각하면 이 또한 허망한 뜬거품이로다

朝朝役役紅塵路　爵位載高已白頭
閻王不怕佩金魚　思量也是虛浮漚

험난한 세상길에 매일매일 고군분투하여
벼슬이 조금 높아지자 머리 이미 회었네
염라대왕은 벼슬아치를 두려워 않나니
생각하면 이 또한 허망한 뜬거품이로다

나누는 당신, 이미 행복이니

錦心繡口風雷舌　千首詩輕萬戶候

增長多生人我本　思量也是虛浮漚

말재주가 뛰어나서 입으로는 요설변재

천 글귀 시서로 만호후를 희롱해도

다생겁의 아만의 근본만 늘게 하나니

생각하면 이 또한 허망한 뜬거품이로다

假使說法如雲雨　感得天花石點頭

乾慧未能免生死　思量也是虛浮漚

설령 구름일 듯 비 내리 듯 설법을 잘하여

하늘이 감동하여 꽃비 뿌리고 돌장승이 고개를 끄덕여도

마른 지혜로는 생사를 못 면하나니

생각하면 이 또한 허망한 뜬거품이로다

　이 게송은 신라 진평왕 때의 부설거사가 세속명리(世俗名利)만 좇아 허둥대는 중생들의 어리석음을 깨우쳐 주기 위하여 네 구절로 나누어 설하신 시 형태의 법문으로서 요즘 사람에게도 좋은 가르침이 되고 있습니다.

　그러면 좀 더 자세히 살펴봅시다.

　첫 번째부터 세 번째 구절까지는 세상 사람들이라면 누구나 많이 갖고자 하는 욕망에 관한 내용입니다. 하지만 이런 것들은 희망하는 만큼 얻기도 어렵거니와 얻었더라도 끝내는 생전에

다 없어지거나 마지막 가는 길, 즉 죽음의 길에는 다 놓고 가야 되는 아무짝에도 쓸모가 없는 것들입니다.

배우자와 자식이나 형제 혹은 일가친척은 없는 것보단 있는 것이 좋은 줄로 압니다. 또 권속이 많으면 때로는 문제를 일으켜 괴로울 때도 있지만, 살아가면서 울타리가 되는 것 같아 위안을 삼기도 하지요. 그러나 막상 가장 다급한 죽음 앞에서는 처자권속, 일가친척, 그 누구도 아무런 힘이 되지 못하지요.

살아서는 그렇게 가깝던 그들이, 살점이라도 나눌 것 같던 그들이 한 사람도 저승길을 막아 주거나 같이 가 주지 않으니 아무리 많은들 무슨 소용이겠습니까?

재물 또한 그렇습니다. 재산이 없으면 당장 죽는 줄 알고 재산을 쌓기 위하여 얼마나 노력했던가. 그것을 얻기 위해 양심을 저버린 일은 얼마이고 또 친구, 친척을 배반한 일은 얼마이던가. 그렇게 어렵고, 비열하고, 구차하게 쌓아 온 재물은 하루아침 티끌이라. 오늘은 있었지만 내일은 보장 못하는 것이 이것이지요. 그뿐인가요? 죽을 때엔 이 세상의 어떠한 재벌도 그 좋아하던 재산 한 푼도 못 가지고 갔다는 사실을 우리 모두 다 너무 잘 압니다.

그러니 이런 처자권속이나 재산이 어찌 허망하지 않으며 물의 소용돌이에 의하여 만들어져 그 위를 잠시 떠돌다 사라지는 거품과 무엇이 다르겠습니까?

벼슬이나 사회적 명성도 그렇지요.

나누는 당신, 이미 행복이니

이 세상은 험난하고, 시끄럽고, 추하기가 시궁창 같고, 전쟁터와 다르지 않기에 '홍진로(紅塵路)'라고 하지요.

이렇게 험난한 세상에서 매일 아침부터 저녁 늦게까지 힘들게 공부하고 일해 벼슬길에 올라 지위가 조금 높아져 보람도 느끼고 긍지도 가져 보지만 애석하게도 머리는 이미 반백이라, 문득 죽음의 문턱에 다다릅니다.

더구나 염라대왕은 그따위 재산이나 권세를 두려워하지 않는다는 사실입니다. 염라대왕은 망자가 이승에서 재산이 얼마였고, 벼슬은 무엇이었나를 보지 않고 얼마나 사람답게 살았는가, 못되게 살았는가를 살펴 심판합니다.

진정한 불자는 염라대왕이 있고 없고를 논하기 전에 선인선과요 악인악과임을 잘 알지요. 이승에서의 자기 행위에 의하여 다음 생을 받는다는 진리를 압니다. 이승에서는 자기 세력이나 명성에 의지하여 허세를 부렸지만 저승에서는 그런 권세 따위가 아무런 힘이 되지 못하고 다만 자기가 지은 선악의 업을 따라 가는 것입니다. 그러니 벼슬도 명성도 물위에 뜬 거품처럼 허망한 것이지요.

또 어떤 사람들은 말재주나 글재주 혹은 어떤 기술로 세상을 희롱하지요. 대개 재산이 많거나, 벼슬이 높거나, 말재주가 있거나, 문장에 소질이 있는 사람들치고 겸손한 자가 별로 없지요.

요즘 무슨 박사다, 무슨 장인(匠人)이다, 심지어는 이름깨나 알려진 스님, 신부님, 목사님들도 자부심과 긍지는 높아 자기를 드러내고 싶어 안달이지요. 체면상 마구 드러내지는 못하더라도 내심 자기가 최고라는 자부심으로 착각 속에 사는 이들이 많지요.

흔히 이러한 자부심이나 긍지는 내로라하는 아만심만 키워 남을 무시하고 짓밟아 만인 위에 군림하려는 못된 행위로 나타납니다.

재산, 벼슬, 명예, 재주 같은 것들은 사람 마음을 어지럽히고, 영혼을 더럽혀 타락시킬 뿐 삶의 본질에서 보면 한갓 오물이요 아침 이슬이며 저녁연기에 불과한 것입니다.

어찌 보면 권속이나 재산, 지위, 말재주, 글재주, 이런 것들은 인간 세상에 필요한 것이기도 하지요. 잘만 사용하면 아주 유익한 도구가 되기 때문입니다.

이 도구를 사회 복지를 위하여, 중생 행복을 위해 사용한다면 얼마든지 많아도 좋고, 또 많아야 합니다. 그러자면 그것들을 가진 자들의 마음이 중요하지요.

맑은 물도 소가 마시면 우유가 되고, 독사가 마시면 살상의 독이 되죠. 또 좋은 보검(寶劍)이 장수의 손에 있으면 적을 물리쳐 나라를 지키고 국민을 편안케 하지만, 사악한 사람이 가지면 흉기로 변하죠. 그렇기 때문에 재산, 지위, 재주를 가지기에 앞서 일체중생을 위할 보살의 마음을 갖추는 일이 무엇보다도 중요하다 하겠습니다.

설사 그렇더라도 세속적으로 추구하는 이런 것들은 한계가

나누는 당신, 이미 행복이니

있고, 잠시 떠 있는 거품과 같은 줄을 분명하게 인식해야 합니다.

이 세 번째까지의 게송이 세속인들을 경계한 말이라면 네 번째 게송은 출가 수행자를 경계한 말이라 할 수 있습니다.

스님들은 중생 교화를 위하여 설법을 잘하고픈 욕망이 있습니다. 그러나 부설거사는 경계합니다.

설사 설법을 잘해서 구름 일 듯, 비 내리듯 하여 하늘이 감동해서 꽃비를 흩뿌리고, 돌장승이 고개를 끄덕여 긍정할지라도 본래마음을 깨치지 못하고 남에게 배우고, 보고, 들은 지식으로 하는 말이라면 제자백가(諸子百家)와 팔만장경을 바로 거꾸로 자유자재 인용하여 설하여도 설법하는 자신이나 듣는 청중에게 아무런 도움이 되지 못합니다.

부처님의 말씀을 끌어 설해도 본인이 깨치지 못한 상태에서 하는 설법은 공허하고 거품 같은 말로서 생사윤회만 거듭하게 하는 잡스런 말에 불과합니다.

오직 본래마음을 깨달아 그 본래마음에서 우러나는 소리여야 비로소 참다운 법문이어서 나와 남이 함께 생사윤회의 길을 끊을 수 있는 설법이 됩니다.

사람 된 이유를 잘 알아야 합니다.

인간 세상에 온 것은 보통 일이 아니라 생사윤회를 끊어 영원히 행복한 삶을 얻기 위해 온 것입니다.

영적으로 한 단계 내지는 몇 단계를 뛰어 오르기 위해 온 것입니다.

사람 몸 받은 금생에 못하면 다음 생은 어찌 될지 장담 못하는 것입니다.

명심, 명심하여 일생을 헛되게 보내지 맙시다.

부설거사의 4허부구게를 자주 외워 자신을 채찍질해 아무 믿을 것이 못되는 세속의 부귀공명에 빠지지 말고 오직 생사윤회를 영원히 끊을 일을 합시다.

생사윤회를 끊는 방법은 많지만 염불 정진이 가장 좋습니다. 잠에서 깨어나서 깊은 잠에 들 때까지 언제나 어디에서나 어떤 일을 하든 그 가운데 항상 '나무아미타불' 육자염불을 놓치지 마십시오. •2005년 12월 24일

나누는 당신, 이미 행복이니

모두
놓아 버리자

행복이란 무엇인가? 그 행복은 얻을 수 있는 것인가?

이 문제는 아마도 인류 유사 이래 끊임없이 제기되어 온, 그러나 명쾌한 해답을 찾지 못한 문제 중의 하나일 것이다.

그 해답을 찾기 위하여 사람들은 많은 일을 꾀해 왔고 그 결과물이 우리가 맞이한 오늘의 현실이라고 말한다면 부정하는 사람이 있을까?

자세히 살펴보면 오늘보다 밝은 내일을 욕망하는 것은 비단 인간뿐만이 아니다. 이웃집 강아지도 그러하고, 밀림의 맹수도, 개천의 물벌레도 마찬가지다. 그뿐이랴. 한 알의 씨앗을 떨어뜨리기 위하여 긴 가뭄과 장마를 견뎌내는 이름 모를 작은 풀 – 오만스런 인간들에 의하여 억울하게도 잡초라고 치부되지만 – 한 포기에서도 행복에로의 욕구는 발견된다.

만물의 본능이랄 수 있는 행복에로의 욕구가 없었다면 이 우주에 남아 있을 아무것도 없을 것이라고 말하는 게 너무 지나친 비약이 될까?

아무튼 만물은 행복하고자 욕망하며 그 욕망이 지금의 그 존재, 그 모습을 있게 했다고 보는 것은 과히 어긋나지 않을 것이다.

다만 문제는, 대다수의 인간들은 만 년 전에도 진정한 행복을 얻을 수 없었고, 눈부신 과학의 발달을 이룩한 오늘날에도 만족할만한 행복을 느끼지 못한다는 데 있다. 그러니 다음날 이 욕구가 충족된다는 믿음을 가질 수 없음도 자명한 일이다.

그 이유는 무엇인가? 많은 원인이 있겠지만 인류가 추구해 온 행복이라는 가치관이 제대로 설정되지 못했다는 게 가장 큰 요인일 것이다. 너무 외향적이고 말초적인 물량 충족에 치우쳐 있었다는 말이다. 이제까지의 가치관 자체가 인류의 진정한 행복을 방해하는 큰 병이다. 이 병을 치료하고자 한다면 이 병을 만들기까지 걸린 시간과 인간 지능이 쌓아 올린 금자탑이라고 하는 물질문명을 이룩하기까지 쏟은 그 이상의 노력이 필요할 것이다.

하지만 진정한 행복을 위해서 이 병은 치유되어야 한다.

이제까지 욕망하고 추구해 온 가치관들이 수정되지 않는 한 인류의 최대 염원인 행복과 평화는 이루어질 수 없기 때문이다.

법조계에 출세해야만 행복할 줄로 착각한 사람을 한 예로 생각해 보자.

원하는 법학대학에 갔고, 단잠 한 번 자 보지 못하고 친구들과 여유롭게 자연과 어우러져 보지도 못한 채 공부하여 법관의 자리를 얻었다. 그 기쁨은 형언할 수 없었으리라. 그러나 그 성취감, 행복감은 오래 가지 못했다. 그 자리만 얻으면 행복하리라고 기대했는데 목표를 향하여 공부할 때만 어림 반푼이다. 그도 그럴 것이 권위라는 것의 속성도 현재에 늘 부족한 것이니 더 올라가야 하고, 더 올라가자니 동료를 무자비하게 밟아야지, 상사 비위 맞추어야지, 청탁이 들어오니 그 유혹을 뿌리칠 수도 받아들일 수도 없지, 상사의 부당한 지시를 거부할 수도 없으니 자기 의지대로 할 수 있는 일은 하나도 없다. 그러니 늘 불안하고 초조하고 부족하다. 청운의 꿈이었던 사회 정의와 봉사 따위를 떠올려 보지만 그 속의 풍토와 자신의 허황된 욕망은 갈등과 불안만 조장한다. 이것은 한마디로 불행이다.

이 세상에 가장 불쌍한 사람은 자기 의지대로 살지 못하고 피동적으로 사는 사람일 것이다. 많은 인간들의 삶이 위에서 살펴본 예의 범주에 벗어나지 않는다. 그러니 세상이 온통 불행하다는 신음소리다. 그럼에도 어찌해야 할 바를 모르고, 그칠 줄도 모르고, 가던 방향으로 계속 달려가니 가련한 일이다.

이제 방향을 전환해야 한다. 삶의 질에 대하여, 가치관에 대하여 의식의 대전환을 시도해야 할 때도 되었다. 간단하다. 지금까지 가지고 있던 모든 것을 과감하게 놓아 버리면 가능하다.

최고의 가치로 착각한 나머지 만난의 고통을 감수하면서 쟁

취한 재물, 명예, 지식 등등을 다 버려야 한다. 원망, 슬픔, 사랑, 미움, 호오미추(好惡美醜), 선악시비 따위도 다 놓아 버려야 한다. 그러면 반드시 새롭고 올바른 길이 열린다. 이보다 더 간단한 방법이 또 있을까?

귀중한 공양물을 세존께 드리고자 두 손으로 공양물을 받들고 오는 제자에게 부처님께서는 "놓아 버려라." 하셨다. 제자는 공손히 부처님 앞에 공양물을 올렸다. 그러한 제자에게 부처님은 또다시 "놓아 버려라." 하시니 제자는 "저의 손에는 아무것도 없습니다. 무엇을 또 놓아 버리라는 말씀입니까?" 하고 여쭙자 부처님은 또 재삼 "놓아 버려라."라고만 말씀하셨다. 그 찰라 제자는 놓아 버리라는 진정한 뜻을 깨달아 아라한과를 얻었다.

또 선사들께서도 도를 묻는 제자에게 "놓아 버려라, 놓아 버려라." 할 뿐 일체 다른 가르침을 주지 않음으로써 제자의 안목을 열어 주는 일이 종종 있다.

혹자는 세간에서 어떻게 출세간의 고준한 수행자처럼 살 수 있겠느냐고 반문할 것이다.

대답은 "놓아 버려라." 이것뿐 다른 답은 없다.

"놓아 버려라!" 그러면 행복이 보이리니, 그대로 행복하리니.

• 2002년 3월 19일

나누는 당신, 이미 행복이니

나누면
행복해집니다

불교인의 수행 목적은 나의 행복과 모든 이웃의 행복에 있습니다. 과거의 모든 부처님들께서 세속의 그 어떠한 부귀영화도 헌신짝 버리듯이 다 내던지고 출가 수행의 길을 선택하신 이유는 제왕의 권력이나 부귀공명으로는 이웃의 행복은 고사하고 자기 자신의 참다운 행복도 얻을 수 없다는 사실을 분명히 아셨기 때문입니다.

그리고 모든 이웃이 모두 다 행복할 때 자신의 진정한 행복도 비로소 충족된다는 진리를 철견하셨던 것입니다.

이러한 깨달음을 바탕으로 세속을 떠나 수행하여 완전한 행복을 성취하신 분이 바로 부처님이십니다.

자신의 완전한 행복을 성취했다는 것은 모든 이웃의 행복을 도와줄 수 있는 능력을 갖추었다는 의미도 됩니다.

부처님은 제자들에게 자신과 모든 이웃의 행복을 위하여 수행자가 우선 닦아 완성해야 할 여섯 가지 실천 덕목을 제시하셨습니다.

이른바 육바라밀(六波羅蜜)입니다.

'바라밀'이란 '파라미따(pāramitā)'를 한자로 옮긴 것으로 '저 언덕에 이른 상태', 즉 일체 탐욕과 번뇌를 다 비워서 완전히 행복해진 상태를 말합니다. 자비와 지혜가 가득 찬 깨달음의 세계를 '저 언덕(彼岸)'이라 표현합니다. 보살이 실천의 목표로 정하고 그 완성을 위해 노력하는 육바라밀은 저 언덕에 건너가는 배이며, 보살의 길을 완성하고자 하는 사람은 누구나 다 이 육바라밀을 닦아야 합니다.

첫째는 보시(布施)바라밀, 즉 나눔입니다. 이것은 재물이 필요한 사람에게는 재물을 주고(財施), 진리를 구하는 사람에게는 진리를 가르쳐 주고(法施), 두려워하는 사람에게는 안심을 주는 것(無畏施)을 말합니다.

둘째는 지계(持戒)바라밀, 즉 윤리적인 삶을 사는 것으로 부처님께서 설하신 계율들을 목숨 바쳐서라도 지키는 것을 말합니다.

셋째 인욕(忍辱)바라밀, 자신의 수행 완성과 중생 제도를 위해 어렵고 모욕적인 일도 한없이 참는 것입니다.

넷째 정진(精進)바라밀, 이것은 보시 · 지계 · 인욕바라밀이 옳다고 판단하여 게으름을 피우지 않고 끊임없이 실천하는 것입니다.

다섯째는 선정(禪定)바라밀, 앞의 네 가지 바라밀을 실천하다

나누는 당신, 이미 행복이니

보면 온갖 번뇌와 욕망이 쉬어져서 몸과 마음이 안정되고 고요해지는데 이 상태를 '선정'이라 합니다.

여섯째는 지혜(智慧)바라밀, 앞의 다섯 가지 바라밀을 잘 실천하면 바른 판단과 직관력이 생겨 알고자 하지 않아도 알아지는 것을 말합니다.

이 가운데 보시바라밀을 첫 번째에 제시하신 것은 큰 의미가 있습니다.

보시, 즉 나누는 일이 최고의 덕목이라는 것입니다.

자기에게 있는 물심양면의 모든 능력을 이웃과 나누는 일, 이것은 생각만 해도 가슴이 벅차오르는 행복한 일입니다.

하지만 이 나누는 일, 보시는 웬만큼 연습해서는 실천하기 어려운 일이기도 합니다.

베푸는 일이 좋은 줄은 알지만 보시할 대상이 나타났을 때 나누려는 마음보다 인색한 마음이 훨씬 크게 작용하기 때문이지요.

산승도 불자님들께는 입버릇처럼 보시해라, 도와주어라 하지만 실제로 도와야 될 일을 만나면 슬그머니 피하고, 누군가 도움을 요청해 오면 선뜻 기쁜 마음으로 도와준 일이 그리 많지 않은 것이 사실입니다.

부끄럽게도 내 안에 도사리고 있는 탐욕과 인색한 마음에 완전히 항복받지 못했기 때문입니다.

산승은 주기를 좋아하는 편인데도 가끔 인색을 피우고 구걸

온 사람 쪽박 깨는 소리를 하는 경우가 있는데 승속을 막론하고 상습적으로, 그것도 자가용 타고 뜯으러 다닌다는 인상을 풍기는 사람들을 만날 때입니다.

육신 멀쩡한 사람들이 여기저기 다니면서 착한 사람들의 선량한 마음을 갉아 먹는다는 생각에 좋은 마음으로 베풀어지지 않는 것입니다.

그런데 그런 선입견으로 마지못해 조금 주어 보내고 나면 며칠이고 개운치 않은 감정이 저 자신을 괴롭힙니다.

흔쾌히 주지 못한 옹색함과 이런저런 선입견으로 분별을 낸 자신이 부끄럽고 괴로워 자신에게 화가 나기도 합니다.

하지만 산승은 다행스럽게도 저의 내면에 이러한 더러운 마음이 있음을 알아 착실히 버리고 보시로써 욕심 병을 치료할 줄 압니다.

불보살님들께서는 수행하실 때 어려운 사람을 찾아다니면서 구제하시고, 구걸하는 사람이 찾아오면 자기가 찾아가는 수고를 하지 않고도 보시할 곳이 생겼다고 고마워하면서 그 사람이 설사 목숨을 요구하더라도 흔쾌히 보시하셨다는 말씀을 상기하면서 저의 인색을 다스립니다.

불자님들은 어떠신지요?

혹시 보시가 잘 안 되거든 그 원인이 어디에 있는가를 자세히 살펴보십시오.

욕심, 인색, 멀쩡한 사람이 왜 구걸하느냐는 생각, 이런 정도

일 것입니다.

이런 것들은 모두 복을 짓지 못하게 하는 방해꾼들입니다.

나누는 일은 무조건이어야 되고 베푼다는 마음도 없이 나누어야 최고의 보시바라밀이 됩니다.

부처님께서는 '어려운 이웃은 내가 복을 지을 수 있는 최상의 복밭(福田)'이라 하셨습니다. 부처님께서 몸소 경험하시고 실천하신 틀림없는 진리입니다.

보시는 복의 근원이고, 보시 자체가 복입니다.

아마도 보시하면서 뿌듯한 기분을 많이들 느껴 보셨을 것입니다. 보시하면서 느끼는 그 뿌듯함이 크면 클수록, 많으면 많을수록 행복도 커집니다.

모쪼록 복밭, 내 손길, 내 능력이 필요한 곳을 찾아 부지런히 나누시기 바랍니다.

나누는 일은 행복을 만드는 일입니다. 아니, 나누는 일, 그것이 행복입니다. •2012년 9월 11일

음덕陰德을
쌓아야

○○재벌 그룹 회장 수재 의연금 ○억 원, ○○ 회장 ○억 원, ○○○ 씨 백미 열 가마, ○○○ 씨 라면 스무 상자…….

매년 신문이나 텔레비전에 대서특필되는 선행자 발표 내지는 선전들이다. 각박한 세상에 이런 소식들은 그래도 세상엔 착한 사람이 많다고 긍정하면서 스스로를 위안시킬만한 신선하고 훈훈한 일들이다.

혜택을 받는 쪽이나 착한 일 선전을 접한 많은 이웃들이 그 선행에 부응하여 나도 그래 봤으면 하는 부러움과 기쁨을 일으키게 한 공덕은 아무리 찬탄해도 넘치지 않을 것이다.

선행은 어쨌든 선행이고, 모두에게 좋은 일이다.

그런데 그 대서특필된 선행자들의 면면을 알게 되면 대부분 개운치 못한 구석이 너무나 많음은 무슨 일인가. 축재 과정이라든가 그들 삶의 다른 모습이 드러나면서 과연 그들에게도 남을

나누는 당신, 이미 행복이니

살필 자비가 있었던가 하는 의구심이 일어나는 씁쓸한 감정은 나 자신의 숨겨진 또 다른 모습이 아닐까 생각하게 한다.

예수는 오른손이 한 착한 일을 왼손이 모르게 하라 하셨고, 우리의 스승 석가모니 부처님께서는 베풀었다는 생각까지도 내지 말라 하셨다. 쉬운 말로 착한 일을 함에 있어 고맙다는 인사라도 해 올 상대가 있으면 선행이 아니라는 말이다.

성인들의 이러한 가르침에 비추어 보면 아무리 많고 값진 재물을 희사했어도 언론 매체나 주변에 흘려 소문내는 일은 베푸는 일이라 할 수 없다. 그러므로 당연히 조그마한 공덕도 되지 않는다. 공치사보다 치사한 일도 없는 것인데 떠들어 대는 것은 무슨 이유인가. 분명 백 배 천 배 더 큰 대가를 이미 계산한 장삿속이 아니겠는가. 그렇다면 언론에 비쳐짐과 동시에 대가는 챙긴 것이고, 진정한 의미에서 또 하나의 죄악이다.

하지만 가끔씩은 참다운 보시를 볼 수 있어 행복하다. 평생 초라한 돈벌이로 모은 전 재산을 남김없이 사회에 환원하는, 그것도 선전 내지는 광고성으로 내는 재벌들의 그것처럼 한 자릿수가 아닌 수십억 원씩 흔쾌히 내놓는 일은 참으로 보기 좋고 모든 착한 사람들을 행복에 흠뻑 젖게 한다.

산승이 이런 너절한 이야기를 늘어놓는 것은 어떤 사람을 비판하거나 사회상을 고발하고자 하는 것이 아니다.

우리 모두 공덕을 닦자는 것이며 이왕이면 부처님의 가르침에 따라 온전한 공덕이 될 무주상(無住相)의 보시를 실천하자는 것이다.

부처님의 크신 가르침 중의 하나가 잘한 체, 못하는 체 등 '무엇을 한 체하지 말라', 즉 '상(相)을 내지 말라'이다. 좋은 일을 하고도 한 체는 고사하고 했다는 생각조차도 버리고 버려서 흔적조차 없앤 자리가 무주상이니 쉬운 일은 아니다.

삼사십 년 전 보릿고개를 큰 고개로 생각하며 살 때만 해도 어려운 집 사립문 안에 보리쌀 자루, 쌀자루가 밤사이 던져져 있었다는 등의 아름다운 소문이 종종 있었다. 아무도 보지 못했고 자루 속에 아무개 기증이라는 팻말도 없으니 건넛마을 그 덕인(德人)일 것이라고 추측할 뿐이었다. 그뿐인가. 아무것도 모를 것만 같은 개미 떼 등 미물들이 홍수를 피할 수 있게 해 주고 출세했다던가, 말라드는 웅덩이의 물고기를 큰물에 옮겨 주고 명을 이었다는 등의 미담 실화는 많고 많다.

이렇게 아무도 모르게, 그리고 베풀었다는 생각도 없이 베푸는 것을 '음덕'이라 하여 우리 선조님들은 가장 큰 미덕으로 알고 실천해 왔다. 상대방이 알게 해서 고맙다는 인사를 받는 등 어떠한 형태의 대가를 바라고 베푸는 것은 장삿속이어서 작은 선행은 될지언정 공덕은 되지 못한다는 것을 우리의 선조님들은 알고 실천하셨다.

다만 나에게 있으므로 없는 이웃에게 나누어 주는 것, 인간을 포함한 모든 생명을 사랑하므로 그들의 고통을 덜어 줄 뿐인 그런 베풂, 생각만 해도 훈훈하고 멋지지 않은가?

나누는 당신, 이미 행복이니

상대방이 알아주기를 바라지 않을 뿐만 아니라 자신이 베푼다는 사실조차도 인식하지 않는 그런 삶을 살아야 한다.

이것이 무주상의 보시이고, 모든 성인이 가르치신 음덕이며, 모두가 행복해지는 삶이다.

요즘 살기 힘들다고 아우성이고 인심은 거칠어질 대로 거칠어졌다고 말하는 세상이다. 그렇지만 행복은 세태에 있는 것이 아니다. 행과 불행은 각자 자신에게 있는 것이다.

작은 것이라도 베풀면서 살자. 그것이 재물이어도 좋고 마음이어도 좋다. 부드러운 한 마디의 말이나 잔잔한 미소도 좋은 보시이다.

새벽잠을 쫓고, 남 몰래 내 가족이나 이웃의 자식이 잘 되었으면 하는 기도도 좋은 보시이고, 음덕이다.

다만 아무도 모르게 베푸는 음덕이면 더욱 좋을 것이고, 베풀었다는 생각조차 비워 버린 무주상이라면 더더욱 좋은 것이다. •1999년 7월 30일

등불을 켜는
바른 마음

빈녀일등(貧女一燈)의 고사(故事)를 통해 인등 (引燈)의 유래를 살펴보고, 어떤 마음으로 등불 공양을 해야 진실로 큰 공덕이 되는지 말씀 드리겠습니다.

마갈타국에 '난다'라는 한 가난한 여인이 살고 있었습니다. 어느 날 성안이 온통 축제 분위기에 휩싸여 떠들썩하게 북적거렸습니다. 난다는 분주하게 오가는 사람들을 바라보다가 그중 한 사람에게 물었습니다.

"오늘 성안에 무슨 좋은 일이라도 있나요?"

"아사세왕이 오늘밤에 부처님을 위하여 수천 개의 등불을 켜 바친다고 합니다."

이 말을 들은 난다는 혼자 생각했습니다.

'왕은 큰 복을 짓는구나. 그렇지만 나는 부처님처럼 참으로 만나기 어려운 분이 오셨는데도, 가진 것이 아무것도 없어서

나누는 당신, 이미 행복이니

공양할 것이 없으니 참으로 한심하구나. 나도 등불을 하나 켜서 부처님께 공양하고 싶은데……'

이런 생각으로 난다는 길 가는 사람에게 구걸하여 가까스로 동전 두 닢을 얻어 가지고 기름집으로 달려갔습니다. 그러자 가난에 찌든 여인이 기름을 사려는 것을 의아하게 여긴 기름집 주인이 물었습니다.

"난다여, 당신은 끼니조차 잇기 어려운 처지가 아니오. 어찌하여 먹을 것을 사지 않고 기름을 사려고 하지요?"

그러자 그 말을 들은 난다는 웃으며 대답했습니다.

"이 세상에서 부처님을 만나 뵙기란 참으로 어려운 일이라고 들었습니다. 그 만나기 어려운 부처님과 한 세상에 살면서도 너무 가난하여 지금껏 아무것도 공양할 수가 없었습니다. 거리에서 들으니 오늘 저녁, 마침 임금께서 많은 등불을 밝혀 부처님께 올린다고 하더군요. 나도 등불 하나를 밝혀 부처님께 드리려고 합니다."

이 말을 들은 기름집 주인은 참으로 기특한 생각이 들어 기름을 곱절이나 더 되게 주었습니다. 난다는 기뻐하며 그 기름으로 등불을 밝혀 부처님 계시는 절에 걸어 놓았습니다. 그리고는 이렇게 기원했습니다.

"가난한 제가 이 조그마한 등불을 부처님께 공양하오니 받아 주옵소서. 만약 제가 후세에 도를 얻게 된다면 이 불이 밤새 꺼지지 않으리!"

그날 밤 사위성에는 강한 바람이 세차게 휘몰아쳐 초저녁에 켜 놓았던 등불은 모두 꺼져 버리고 말았습니다. 그러나 이 상하게도 다음날 새벽까지 작은 등불 하나만은 세차게 휘몰아치는 바람에도 꺼지지 않고 오히려 어둠 속에서 더 밝은 빛을 내고 있었습니다. 그것은 바로 가난한 여인 난다가 켜 놓은 작은 등불이었습니다.

다음날 부처님의 십대제자 가운데 한 분인 목련존자가 이 등불을 손으로 끄려고 하였으나 꺼지지 않았습니다. 그래서 가사 자락으로 끄려고 했지만 역시 꺼지지 않았고, 부채로 끄려고 했지만 그래도 여전히 꺼지지 않았습니다. 끝으로는 신통력으로 끄려고 했지만 그래도 작은 등불은 꺼지지 않았습니다. 이 광경을 물끄러미 바라보고 계시던 부처님은 목련존자에게 이렇게 말씀하셨습니다.

"그만 두어라. 그것은 착한 여인의 등불이다. 그 등불은 결코 꺼지지 않을 것이다. 그러한 공덕으로 그 여인은 오는 세상에 반드시 성불하여 수미등광여래라 하리라."

한편 부처님의 말씀을 전해들은 왕은 신하를 불러 물었습니다.

"나는 부처님과 여러 스님들에게 큰 보시를 했고 수천 개의 등불을 켰다. 나는 이렇게 많은 공덕을 지었는데도 부처님께서는 어째서 나에게 칭찬을 하시지 않고 고작 작은 등불 한 개를 바친 난다에게는 장차 부처가 되리라는 수기(受記)까지

나누는 당신, 이미 행복이니

하시는가?"

이 말을 들은 신하는 언젠가 부처님으로부터 들은 바 있는 법문을 생각하면서 이렇게 대답했습니다.

"부처님께서 이르시기를, 착한 업적을 이룩한다고 하는 것은 사람들의 평범한 생각으로는 힘들다고 하셨습니다. 그것은 조그마한 보시로도 얻을 수 있지만 수많은 보시로도 얻기 어려운 경우가 있다고 하셨습니다. 왕께서 하신 일이 비록 크기는 하지만, 마음이 한결같이 착하거나 정성스럽지 못했습니다. 자기가 행한 착한 일을 내세우거나 자랑한다면 그 값어치는 그만큼 작아지고 맙니다."

왕은 신하의 이 말을 듣고서 착한 일의 참뜻을 깨닫고 참으로 부끄러워하였습니다.

— 『현우경(賢愚經)』「빈녀난타품(貧女難陀品)」

우리는 해마다 사월초파일 부처님 오신 날이 되면 불전에 등불을 밝히고 소원 성취를 기도하고 있습니다. 초파일이 아닌 평상시에도 법당에 인등을 켜거나 장명등을 켜 소원을 빕니다.

'인등'이란 말은 '부처님 전에 등을 켠다'는 뜻입니다. 그 유래는 앞서 소개한 바와 같이 한 가난한 여인의 갸륵한 신심과 원력이 그 어떤 화려한 탐욕의 등보다도 더 큰 공덕을 이루었다는 고사에서 비롯되고 있습니다.

인등을 '연등(燃燈)'이라고도 하는데 연등은 연등회, 연등절을 의미하는 경우와 그냥 등불 자체를 연등이라고 하는 경우가 있습니다. 한강 연등제니 하는 경우와 같이 대규모의 등불 공양 행사를 말할 때 쓰기도 합니다. 그러나 부처님께 등불을 올리는 경우는 인등 공양이라고 하는 것이 더 합당할 듯싶습니다. 왜냐하면 인등이란 '부처님께 인도한다', '부처님께로 나아간다'는 뜻이 있기 때문에 연등보다는 인등이 종교적인 의미가 더 강하다고 보기 때문입니다.

인등 불사는 부처님 당시부터 시작된 것입니다. 사실 그 시원(始原)은 아득한 과거세로까지 올라갑니다. 석가모니 부처님에게 수기를 주신 부처님 이름이 연등(燃燈) 부처님이신데 석가모니 부처님은 과거 세상에서 선혜보살로 수행하실 때 이 부처님을 만나 다섯 송이의 연꽃을 공양하고, 또한 머리털을 부처님 앞의 진흙길에 깔아서 연등 부처님이 밟아 건너시게 하고 미래에 성불하리라는 수기를 받았던 것입니다.

그런데 '연등'이란 부처님의 이름은 이 부처님의 몸이 마치 등불과 같았기 때문이라고 합니다. 연등의 기원은 이 부처님의 이름에서부터 유래되었다고 볼 수 있을 것입니다.

그러면 등불 공양은 어떤 공덕이 있을까요?

첫째, 성불의 씨앗이 됩니다.

가난한 여인 난다는 부처님께 작은 등불을 올리고 그 공덕으로 부처님으로부터 '30겁 후에 수미등광여래가 되리라'는 수기를 받았습니다. 이는 어찌 난다라는 여인에만 국한되는 일이겠

나누는 당신, 이미 행복이니

습니까? 누구든 그와 같은 공덕을 지으면 되는 것입니다. 그러므로 등불 공양은 성불의 씨앗이 된다 하겠습니다.

둘째, 지혜의 눈을 얻게 됩니다.

등불은 어둠을 물리치는 빛이요, 지혜는 무명을 밝히는 등불입니다. 그러므로 등불을 밝히는 진정한 의미는 세간의 어둠을 밝히려는 데 있는 것이 아니라 우리 마음속의 어둠, 탐 · 진 · 치 삼독심으로 엉킨 어둠, 즉 무명을 없애는 데 있습니다.

셋째, 재앙을 물리치고 소원을 성취시킵니다.

재앙은 어둠 속에서 일어납니다. 진리에 대한 어둠, 인과에 대한 어둠이 온갖 악업을 짓게 되고, 그 결과 불행한 결과를 자초하기 때문입니다. 사람들의 소원은 이러한 악업의 장애로 말미암아 이루어지지 않는 것입니다. 그러나 마음에 지혜의 등불을 밝히면 재앙은 스스로 물러가고, 장애도 스스로 사라지므로 소원은 저절로 이루어지는 것입니다.

그러나 등불만 켠다고 그런 공덕이 모두 이루어지는 것은 아닙니다. 만일 등불만 켠다고 그런 공덕이 모두 다 이루어진다면 세상에 등불을 켜지 않을 사람은 없을 것입니다. 해마다 수많은 불자들이 등불 공양을 올리고 절마다 수많은 인등이 밤낮으로 빛을 내고 있는데 등을 켠 분들이 한결같이 큰 지혜를 얻고, 모두 다 소원을 이루었다고 볼 수는 없지 않습니까?

그러면 그 까닭은 무엇이겠습니까?

등불을 켜는 마음이 다르기 때문입니다.

그러므로 무엇보다도 중요한 것은 등불을 켜는 마음입니다. 난다는 비록 작은 등불 한 개를 켰지만 밤새 빛을 내고 아침이 되어도 꺼지지 않았습니다. 그러나 아사세왕의 등불은 화려하고 거창했지만 밤새 다 꺼지고 말았습니다. 여기서 꺼지고 안 꺼지고는 단지 우리 눈에 보이는 불빛만이 아닙니다. 보이지 않는 불빛, 바로 신심의 불빛입니다.

그러므로 우리는 부처님 전에 등불을 켜기에 바른 믿음을 가져야 하고, 바른 소원을 가져야 하며, 정성스러운 마음을 가져야 합니다.

남이야 어찌되든 나만 잘되면 그만이란 소원은 이루어지지도 않지만 그런 소원을 갖는다는 것은 불자의 도리가 아닙니다. 타인에게 내 얼굴을 내기 위해 등을 켜서도 안 됩니다.

초파일에 보면 등불을 좋은 자리에 켜겠다고 신도님들끼리 서로 다투는 일도 있는데, 등불을 켜는 데 좋은 자리가 따로 있을 수 없습니다. 화장실 앞이라도 정성스러운 마음, 남을 위하는 마음으로 등을 켜면 그곳이 좋은 자리요, 설사 부처님 얼굴 앞이라도 탐욕스런 마음으로 등불을 켜면 아무런 공덕도 되지 않습니다.

『열반경(涅槃經)』에 '자기 자신에게 귀의하고 법에 귀의하며, 남에게 귀의하지 말라. 스스로를 등불로 하고 법을 등불로 삼되 남을 등불로 삼지 말라' 하셨습니다.

지금 우리는 어느 때보다도 법의 등불이 필요한 시점에 와

나누는 당신, 이미 행복이니

있습니다. 그러나 이 법등(法燈)은 먼 데 있지도 않고 겉모습의 화려함에도 있지 않습니다. 오직 우리의 진실한 마음 가운데 있습니다. 우리는 누구나 본래부터 부처님과 똑같은 지혜와 자비의 법등을 마음속에 간직하고 있기 때문입니다.

우리 다 같이 마음속에 간직된, 보이지는 않지만 영원히 꺼지지 않는 이 마음의 법등에 불을 붙입시다. 그리고 그 밝은 마음으로 부처님 전에 나아가 갖가지 모습의 장엄한 등에 불을 밝힘으로써 밝은 사회, 인정이 넘치는 세상이 되도록 부처님께 발원하고, 이 인등 공덕으로 함께 수기를 받아 다함께 성불합시다.

• 1996년 4월 30일, 〈영평사보〉

등 공양은
진정한 행복의 불씨

이 세상의 모든 사람들의 행위는 어떠한 유형이든 생존의 문제이고, 생존의 질은 순전히 공덕을 지었는가, 못 지었는가에 달려 있습니다.

공덕 가운데 등 공양의 공덕은 한량없습니다.

등은 광명이고 따뜻함이며 상서로운 에너지이기 때문입니다.

무명이란 인생에 빛이 전혀 없는, 지혜가 전혀 없는, 상서로움이 전혀 없는 상태여서 무명 중생의 삶은 암울합니다.

마음을 열고 주위의 모든 사람을 위해 세세생생 동안의 무명을 걷어 내어 광명하기 바라고 길상(吉祥), 건강, 자재(自在)가 함께하여 부족함이 없이 풍족하기를 축원하는 등을 밝혀야 합니다.

마음의 문을 활짝 열어 천안(天眼)의 통찰력이 있다면 우리는 우리의 전생에 소나 양 그 어떠한 것도 되었었음을 볼 수 있습니다.

나누는 당신, 이미 행복이니

소나 양도 부모님을 의지하여 태어나고 또 자식을 두게 됩니다.

등 공양을 올리면서 누세 부모님을 위해, 누세 자손들을 위해 마음속으로 건강, 즐거움, 성취, 행복을 기원하고 영원히 광명하여 사악한 길을 가지 않을 뿐만 아니라 모든 번뇌와 고통에서 신속히 벗어나기를 축원해야 합니다.

전생에 우리는 소나 양이었고 관직에 오르거나 상인이었거나 가난한 사람, 부유한 사람, 또는 여러 가지 동물이었습니다.

누겁을 윤회하는 동안 부모님이 없었더라면 자신도 존재하지 않았을 것이고 생명의 윤회와 생명의 지속도 없었을 것입니다.

사람을 포함한 모든 이웃 생명들은 한량없는 세월 속에 억천만 번의 윤회를 거쳤고 미래에도 역시 그럴 것입니다.

윤회하는 과정에 어떤 생명체, 어떤 신분으로 태어날지 모릅니다.

돼지로 태어나면 불과 일이 년 살고 도살되니 끔찍합니다.

소는 기껏해야 삼 년 살고 도살되어 뼈와 살은 식당으로, 가죽은 공장으로 갑니다.

부모님은 누세의 윤회에서 늘 우리를 아껴 주었습니다.

소든 양이든 동물이든 곤충이든 자식 아끼기는 마찬가지입니다. 맹수들도 제 새끼는 잡아먹지 않고 사랑합니다.

누세의 부모님들 또한 우리에게 사랑만 주었을 것입니다.

그렇기 때문에 뜻깊은 날을 맞아 누세 부모님의 무명을 걷어낼 지혜 광명의 등, 축복의 등, 길상의 등을 부처님 전에 밝혀 부모님들의 왕생극락의 행복을 축원해 드려야 합니다.

모든 부모님은 자녀를 자신보다 더 사랑합니다.

자신을 아끼는 마음을 훨씬 초월하는 그런 사랑입니다.

산승의 부모님도 그러셨음을 요 몇 년 전에야 조금 알았습니다. 산승은 그 은혜를 어떤 것으로도 영원히 갚을 수 없음도 압니다. 부모님의 그 큰 은혜는 도저히 갚을 길이 없습니다. 그래서 부처님 전에 누세 부모님들을 위하여 등을 밝히면서 부처님의 무량한 가피를 구하는 것입니다.

모든 이웃 생명들은 누세 윤회의 과정에서 나의 부모였거나 자녀였음에 틀림없습니다. 새로운 생에 서로 알아보지 못할 뿐입니다.

부처님은 얼굴을 마주 보는 것도 오백생의 인연이라고 했습니다.

부부는 천생인연이고, 한자리에 앉아 수행하는 것은 오백생의 인연이 있었기 때문입니다.

우리는 누세에 가족이었고 도반이었음이 분명합니다.

마음을 열고 진심을 다해 합장하여 주위의 모든 이웃을 위해 심심한 축복을 해 줍시다.

마음을 활짝 엽니다. 자비심을 일으킵니다.

자비란 무엇입니까? 이웃을 내 몸같이 아껴 주는 것입니다.

나누는 당신, 이미 행복이니

자비가 없으면 불법을 배울 수 없고 행복할 수도 없습니다. 불법을 배우는 사람은 자비가 있어야 합니다. 행복하고자 하면 자비심을 길러야 합니다.

더 많은 사람에게 축복을 해 주십시오. 얼음처럼 차가운 사람이라도 정성과 진정한 사랑으로 감사하고 축복을 해 주면 따뜻한 사람으로 변화합니다.

스스로 생각할 때 미운 사람이 많고 삶에 장애가 많다고 생각되는 사람일수록 마음을 열고 모든 이웃들에게 감사와 축복을 많이 해야 합니다.

아무리 원한이 깊고 악업을 많이 지었더라도 진정한 참회와 연민 그리고 감사와 축복을 하다 보면 다 풀립니다. 이것이 부처님께서 알려 주신 불법의 오묘한 도리입니다.

사랑이란 무엇이며, 박애란 무엇이고, 자비란 무엇입니까?

사랑이 커지면 자비가 됩니다. 진정한 자비는 그렇습니다.

누세의 가족을 위해 축복의 등을 밝히고 건강, 즐거움, 길상, 여의를 기원합시다. 하시는 일이 잘되기를 바라면서 누세의 자녀들이 건강, 아름다움, 총명, 지혜를 갖추고 품성이 고우며 자비의 이치를 알기를 축원합시다.

등불을 밝히면서 축원해 주고자 하는 사람을 떠올려야 합니다.

지금까지는 주위에 있는 가까운 사람들에게 감사하고 축복을 기원했습니다. 이제 더욱 많은 이들을 생각해 봅니다.

누세에 윤회하는 동안 많은 가족이 있었습니다.

현재의 원수가 전생에서 생명의 은인이었거나 원수 빚쟁이였을 수도 있습니다.

그 집의 식구 열 명을 죽이고 금생에 겨우 몇 마디 참기 어려운 악담만 들을 수도 있고, 몇 마디 악담을 했는데 금생에 죽도록 얻어맞을 수도 있습니다.

전생의 빚이 남아 있고 목숨을 앗은 빚이 있는데 악담 몇 마디는 너무 가벼운 과보입니다.

악담만 들은 것을 다행으로 알고 감사해하며 보답해야 합니다.

지금 이 순간 모든 사람이 축복을 담아 진심으로 부처님 전에 등을 밝혀 원수처럼 보이는, 전생의 빚을 독촉하는 채권자들의 앞길을 밝게 비춰 주기를 축원해야 합니다.

그들에게 너무 많은 빚을 졌음에 틀림없으니 원수가 길상하고 여의하며 즐겁고 원만해 깨달음 얻기를 축원해야 합니다.

그렇게 해야 무지해서 저지른 악업, 무거운 빚을 갚을 수 있는 것입니다.

그리고 더욱 많은 이웃 생명들을 생각해 봅니다.

살면서 많은 동물들을 먹었습니다. 그들을 죽인 죄가 어부, 백정에게 있는 것이 아니라 육식을 한 장본인에게 백 퍼센트 있는 것입니다.

필요한 사람이 있으니 어부도 있고 백정도 있게 된 것입니다.

오히려 어부, 백정은 죄가 가볍습니다. 먹는 사람의 죄가 백

나누는 당신, 이미 행복이니

배 천 배나 더 무겁습니다.

자기가 살자고 먹은 모든 동물과 어부, 백정에게 참회하고 감사해야 합니다.

부처님 전에 등불을 밝혀 세세생생 자기 때문에 죽임을 당한 그들을 비추고, 축생도를 벗어나 모든 죄업을 없애 극락세계에 왕생하거나 사람으로 태어나 길상, 건강, 부귀의 가정에 환생하게 되기를 축원해 주어야 합니다.

우리는 죄가 실로 큽니다. 상대를 먹어서 입의 욕구를 채웠고 자기 생명의 요구를 충족시켰습니다.

다른 시각에서 말하면 그들이 우리의 생명을 키워 주고 지탱해 준 은혜는 부모의 은혜와 조금도 다름이 없습니다.

그들의 생명을 빼앗긴 아픔이 있었기에 살 수 있었습니다.

좋은 가문에 환생하고 극락세계에 왕생하며 더 이상 지옥에 들지 않고 축생도에 들어 도살당하지 않기를 축원해야 합니다.

부처님의 지혜 광명이 온 세상을 비추고, 자비 구름이 온 중생을 덮어 주기를 간절히 축원합니다.

특히 가장 암울하고 가장 비천하며 가장 빈곤한 곳에 더 밝은 부처님 지혜광명이 비춰지고, 더 두터운 자비의 구름이 드리워지기를 축원해야 합니다.

우리는 자신의 행복, 가족의 행복은 축원했지만 부끄럽게도 어려운 이웃의 행복엔 전혀 무관심했음이 사실입니다.

자비 불자는 부처님 전에 등을 밝혀 등광(燈光)과 불광(佛光)

공덕 가운데 등 공양의 공덕은 한량없습니다.
등은 광명이고 따뜻함이며 상서로운 에너지이기 때문입니다.

부처님의 지혜 광명이 온 세상을 비추고
자비 구름이 온 중생을 덮어 주기를 간절히 축원합니다.
가장 암울하고 가장 비천하며 가장 빈곤한 곳에
더 밝은 부처님 지혜광명이 비춰지고
더 두터운 자비의 구름이 드리워지기를 축원해야 합니다.

이 함께 가장 빈곤하고, 가장 고통스럽고, 가장 건강하지 못한 생명을 밝게 비추어 그들이 따뜻한 부처님 품에서 가장 안락한 삶을 이루어 행복을 영위하도록 축원해 주어야 합니다.

요즘 지진, 해일, 폭우, 화재, 전염병, 자살, 살인, 전쟁 등 천재인화(天災人禍)가 끊이질 않고 있습니다.

우리에게 천안(天眼)의 통찰력이 있다면 재난 속에서 생을 마감한 사람이 전생의 부모이고, 전생의 은인이며, 여러분이 가장 사랑하는 아이였음을 알게 됩니다.

그들의 죽음은 우리 자신의 목숨을 절반 잃는 것과 같습니다.

모든 천재인화에서 목숨을 잃은 영혼이 해탈하여 지옥이 아닌 천당에 가고 극락세계에 왕생하여 영원히 고통받지 않기를 간절히 축원합니다.

부처님 전에 등을 밝혀 나라의 평화와 국민의 행복을 축원합니다. 또한 남북 평화통일과 천하가 태평하기를 축원합니다.

등을 밝힐 때 거두는 이 없는 영혼을 떠올리고 얼어 죽거나 굶어 죽은 떠돌이, 천재지변이나 전쟁으로 참혹한 죽임을 당한 떠도는 영혼, 여러 불가항력적인 이유로 부모나 의사에 의해 목숨을 잃은 태아들의 영혼을 떠올려야 합니다.

부처님의 빛으로 그들의 생명을 더욱 밝게 비춰 더 이상 추위와 굶주림에 시달리지 않고 외롭지 않으며 두렵지 않기를 축원해야 합니다. 또한 악업과 고통 속에 환생하지 않고 영원히 극락세계에 머물길 축원해야 합니다.

나누는 당신, 이미 행복이니

모두 맑고 밝고 크게 열린 마음으로 지금까지 이야기한 모든 이들을 떠올리면서 그들의 행복을 축원해야 합니다. 그래야 그 사람들에게 부처님의 광명이 비춰집니다.

여러분 자신을 위해 등을 밝히고 부처님 법을 만나지 못한 이웃들을 떠올리면서 그들과 함께 등을 밝히고 부치님께 공양해야 합니다.

등 공양으로 우리 마음속 광명의 등 심지에 불을 붙이고 우리의 마음을 밝힙니다.

우리 마음속의 어둠, 즉 번뇌를 불살라 버리고, 탐욕을 불살라 버리고, 분노를 불살라 버리고, 교만을 불살라 버리고, 사욕을 불살라 버리고, 악한 마음을 불살라 버립니다.

우리의 마음에 광명이 가득합니다. 지혜가 가득합니다. 자비가 가득합니다. 관용이 가득합니다. 착한 마음이 가득합니다. 겸손이 가득합니다. 원력이 가득합니다.

부모님을 공경합니다. 불보살님을 공경합니다. 스승을 공경합니다. 집안 어른을 공경합니다. 이웃의 모든 어른을 공경합니다. 항상 모든 이웃에 감사합니다. 중생을 아낍니다.

우리 모두의 무명을 밝혀 주시고 진정한 행복의 길을 열어 주신 부처님을 공양하고 감사의 등 공양을 올립니다.

부처님의 지혜의 햇불은 중생의 죄업을 불살라 버리고 세상의 모든 장애와 어둠, 사악한 기운을 태워 버립니다.

옛말에도 불은 마장(魔障)을 없앤다고 했습니다.

부처님의 지혜의 광명을 빌려 참된 마음의 불로 모든 악업을 태웁니다.

불은 모든 더러운 것을 태우고 힘과 따뜻함을 대표합니다.

따뜻함은 상서로운 기운입니다.

자비로 등 공양을 하는 모든 이가 행복과 건강, 즐거움, 평안, 성취, 지혜를 얻기를 축원합니다.

진정 수행하고자 하는 분들은 위대한 불광의 가피를 받아 대신통, 대법력, 대지혜를 얻을 것입니다.

중생을 제도하고자 하는 불자는 무한한 지혜를 가져 설법으로 사람을 제도하는 데 걸림이 없을 것입니다.

모든 가정이 행복하기를 바라고 모든 아이들이 바르고 큰 뜻과 큰 지혜를 가져 학업을 성취해 인류를 이롭게 하기를 축원합니다.

우리가 평소 존경하는 사람과 아끼는 사람들에게 주는 사랑은 아주 중요합니다.

더구나 이 뜻깊은 날에 부처님 전에서 불광을 얻고 불법의 가피와 보호를 받으면 그것은 인생에서 얻은 가장 진귀한 보물이 될 것입니다. 무엇보다도 소중한 보물인 것입니다.

자! 여러분 진심을 다해 부처님께 공양 올리십시오.

가장 진실한 마음으로 공양하면 불보살님은 감응하십니다.

불보살님이 감응을 받은 여러분의 삶은 밝게 열려 나아갈 것입니다.

나누는 당신, 이미 행복이니

불보살님의 가피는 강력한 긍정에너지로서 어떠한 어려움도 무난히 해결합니다.

부처님 전의 등 공양은 모든 장애를 없애고 긍정 에너지로 가득 채우며 사악함을 물리쳐 과오, 사악, 고통에서 해탈을 얻게 합니다.

부처님의 광명을 '삼매진화(三昧眞火)'라고 하며 온갖 무명을 완전 연소시킵니다.

금년 초파일에는 일체중생의 행복을 축원하면서 삼매진화의 등 공양을 올립시다. •2013년 5월 17일

좋은 말만
합시다

몇 년 전 한 텔레비전 프로그램에서 말의 힘에 대한 실험을 해 방영한 일이 있습니다.

이미 보신 분들은 느끼신 바가 많으실 것입니다.

보지 못하신 분들에게 이 좋은 정보를 알려드리고 싶고, 이미 보신 분들에게도 유익하리라 생각되어 다시 소개합니다.

금방 한 쌀밥을 열 개의 병에 담고 다섯 개에는 '고맙습니다'를, 다섯 개에는 '짜증나'라고 써 붙였습니다. 그리고 각기 다른 사람 다섯 명에게 주어 한쪽에는 가끔씩 고맙습니다, 좋습니다, 사랑합니다 등 긍정적인 말을 하게 하고, 한쪽에는 짜증나, 미워, 싫어 등 부정적인 말을 하게 하였습니다.

얼마 후 판이한 결과가 나왔지요.

신기하게도 긍정적인 말을 해 준 병의 밥은 하얀 곰팡이로 덮여 구수한 향을 풍겼고, 부정적인 말을 해 준 병의 밥은 보기에도 역겨운 검푸른 곰팡이로 덮였을 뿐만 아니라 썩은 악취가

나누는 당신, 이미 행복이니

진동하게 되었습니다.

누구라 할 것 없이 많은 생각을 하게 하는 유익한 프로그램 이었지만 특히 음식을 담당하는 사람이라면 반드시 명심해야 할 좋은 정보라 생각합니다. 음식을 만들 때의 마음가짐에 따라 가족에게 보약을 먹일 수도 있고, 독약을 먹일 수도 있기 때문 이지요.

또 이런 실험도 있지요.

같은 종류의 식물을 똑같은 화분에 똑같은 흙으로 심고 한쪽 에는 칭찬을, 한쪽에는 악담하기를 한 달 정도 해 비교해 보면 칭찬받은 식물은 싱싱하고 무성하게 자라며, 악담을 들은 식물 은 생기도 없고 눈으로 확인할 수 있을 정도로 덜 자란다는 것 은 이미 많이 알려진 사실입니다.

이러한 사례들은 무엇을 의미하는가?

우리가 무심코 하는 말에도 주변을 변화시키는 나름의 힘이 있음을 보여주는 것입니다.

특히 의도적으로 마음먹고 하는 말에는 엄청난 힘이 있어 자 신이나 이웃을 성공하게도 하고 실패하게도 한다는 진리를 깨 우쳐 주는 것입니다. '말이 씨가 된다', '말에 복이 들어 있다', '말에 독이 들어 있다'는 등 말에 대한 말이 많은 까닭을 알게 하는 것이기도 합니다.

'긍정적인 말이 주는 놀라운 긍정적인 힘', '부정적인 말이 주 는 놀라운 부정적인 힘'을 분명히 인식하여 자신에게도 배우자에게도, 자식에게나 이웃에게도 말하기 전에 다듬고 다듬어 입으로 옮겨야 하겠습니다.

또한 지금까지 살아오면서 나 자신은 어떻게 말했고, 현재 어떤 말을 하면서 살고 있는지 살펴보아야 할 것입니다.

독기를 뿜어 자신, 자녀, 배우자, 이웃의 성공을 해쳤는지, 복덕을 뿌려 자신과 주변 사람들의 행복을 도와왔는지를 살펴보아야 합니다. 그리고 지금부터 부정적인 말은 완전히 닫아 버리고, 긍정적인 말만을 의도적으로 골라서 해야 되겠습니다.

말에는 다음과 같은 세 가지 놀라운 힘이 있다는 학계의 연구 발표가 있습니다.

첫째, 각인력(刻印力)이 있다는 것입니다. 어느 대뇌학자는 뇌세포의 98퍼센트가 말의 지배를 받는다고 발표한 적이 있습니다.

어떤 사람이 매일 오 분간 다음과 같은 말을 세 번씩 외쳤답니다.

"나는 위대한 일을 할 수 있다. 나는 나의 내부에 위대한 가능성을 간직하고 있다. 나는 아직도 발휘되지 않은 능력을 간직하고 있다."

이렇게 계속해서 말을 하다 보니 그는 가슴속으로부터 끓어오르는 자신감과 열정을 느끼기 시작했고, 드디어 그는 무엇이든지 할 수 있는 사람이 되었답니다.

두 번째, 견인력(牽引力)이 있다는 것입니다. 말은 행동을 유

나누는 당신, 이미 행복이니

발하는 힘이 있어 말하면 뇌에 박히고, 뇌는 척추를 지배하고, 척추는 행동을 지배하기 때문에 내가 말하는 것이 뇌에 전달되어 내 행동을 이끌게 된다고 합니다. '할 수 있다'고 말하면 할 수 있게 되고, '할 수 없다'고 말하면 할 수 없게 된다는 것이지요. 그러므로 항상 적극적이고 긍정적인 말을 해야 합니다.

세 번째, 성취력(成就力)이 있다는 것입니다.

한 젊은 청년이 노만 빈센트 필 박사에게 찾아가서 물었습니다.

"박사님 어떻게 하면 세일즈를 잘할 수 있을까요?"

필 박사는 조그마한 카드를 꺼내 그 청년에게 주면서 '나는 훌륭한 세일즈맨이다. 나는 세일즈 전문가다. 나는 모든 준비가 되어 있다. 나는 프로다. 나는 내가 만나는 고객을 나의 친구로 만든다. 나는 즉시 행동을 한다'라고 적으라고 했습니다.

필 박사 지시대로 청년은 카드에 적은 대로 되풀이해 완전히 외우게 되어 고객을 방문하기 전에는 몇 번씩 되풀이해서 외웠고, 이렇게 반복해서 하는 동안에 청년에게 기적이 일어났습니다. 자신에 대한 긍정적인 말이 그 청년을 유능한 세일즈맨으로 바꾸어 버린 것입니다.

무하마드 알리는 조 프레이저와의 15회전 권투 경기에서 1,000만 달러, 버그너와의 경기에서 250만 달러 등 엄청난 돈을 벌어들인 유명한 권투 선수였는데 그는 권투 경기에 앞서 꼭 명언을 남기곤 했습니다. "나비처럼 날아서 벌처럼 쏘겠다.", "소련 전차처럼 쳐들어갔다가 프랑스 미꾸라지처럼 빠져 나오겠다.", "일본군의 진주만 기습같이 하겠다." 등등, 수많은 승리의 월계관을 받은 그는 나중에 이런 말을 했습니다.

"나의 승리의 반은 주먹이었고, 반은 말에 있었다."

이같이 성공한 사람들은 항상 적극적이고 긍정적인 말만 하였음을 발견하게 됩니다.

이러한 예를 보더라도 항상 적극적·긍정적·희망적·미래지향적인 말만 해야 한다는 사실을 알 수 있습니다. 부정적인 말은 농담이라도 하지 말아야 합니다.

데일 카네기는 "성공한 사람들은 세 가지 말, 곧 '없다', '잃었다', '한계가 있다'는 말은 절대로 하지 않았다."고 말했습니다.

산승도 없다고 하는 말은 절대로 하지 말라는 말을 자주 합니다. 누군가 물질적 도움을 요청하거나 임시변통을 요청하면 힘에 따라 돕고 양해를 구할지언정 없다고 거절하지는 말라고 말합니다.

산승은 '말이 씨가 된다'는 말이 진리라고 믿기에, 없다고 말하면 실제로 틀림없이 없어질 것임을 알기에 상대방을 위하여 그렇게 이야기하는 것입니다.

자녀를 둔 부모나 선생님들의 말은 그 누구의 말보다 중요합니다. 자녀가, 제자가 좀 부족하거나 문제가 있더라도 늘 그 아이의 잠재 가능성을 믿어 주고, 숨겨진 가능성이 발현되도록 격려와 칭찬을 아끼지 말아야 합니다.

'너는 이런 점이 참 좋다', '너는 우리 가문(학교)의 큰 기둥이 될 거다', '너는 분명 국가 사회에 좋은 일꾼이 될 것이다'. 그냥 지나치는 말이 아니라 진심으로 자식을, 제자를 신뢰하고, 진정성을 가지고 격려하며 칭찬의 말을 해 주어야 합니다.

말은 반드시 씨가 되기에 그렇게 해야만 합니다.

자녀나 남에게 격려하고 희망적인 말을 해 주는 것도 중요한 일인데 그보다 더 중요한 것은 자기 자신을 격려하고 칭찬하며 희망을 주는 말을 해 주는 것입니다.

내가 바로 서지 못하고, 행복하지 못하다면 누구인들 나의 말을 경청하고 받아들이겠습니까?

내가 바로 서고, 희망적이고, 성공적인 사람이 되기 위해서는 자기를 격려해야 합니다.

'나는 참 괜찮은 사람이야', '나는 정성스러운 사람이야', '나는 일을 바르게 선택하는 사람이야', '나는 인복, 재복이 참 많아', '나는 행복해', '나는 가능성이 많은 사람이야', '내가 해내지 못할 일은 없어' 등등 이러한 희망적이고 긍정적인 말들을 매일 몇 번이고 자기를 향하여 반복해서 말해 주고 자녀나 이웃에게도 말해 주는 것도 큰 공덕이 되리라 믿습니다.

물론 우리 불교에는 이 세상 어디에서도 찾아볼 수 없는 덕담과 희망적인 말이 있습니다.

'성불하십시오', '아미타불'이라는 인사말이 그것입니다.

'성불하십시오'라고 하는 인사말은 '당신은 부처님 되실 분입니다'라는 의미이고, '아미타불'이라는 인사말은 '당신이 아미타 부처님이십니다'라는 의미입니다.

말한 대로 이루어지는 것은 정말로 '진리'입니다.

말에는 그런 힘이 있습니다. 말은 씨가 됩니다.

행복을 말하면 행복이, 불행을 말하면 불행이 이루어집니다.

성공을 말하면 성공이, 실패를 말하면 실패가 이루어집니다.

어떤 말을 할 것인가는 여러분의 선택입니다.

산승은 저 자신과 모든 이웃을 향하여 '부처님 법을 만난 불자님들은 반드시 행복해집니다!', '여러분은 모두 부처님이십니다!', '고맙습니다', '덕택입니다', '보답하겠습니다', '나는 행복하겠습니다', '모든 중생을 행복하게 하겠습니다' 이러한 말을 생활화하겠습니다.

불자 여러분도 여러분의 말을 만들어 매일 외워 보시지요.

• 2015년 9월 3일

나누는 당신, 이미 행복이니

뺏고 훔친 중죄
지심참회至心懺悔

　　'주지 않은 남의 물건을 빼앗거나 가지지 말라',
부처님께서 일체중생의 평등한 행복을 위하여 경계하신 열
가지 근본 계율 가운데 두 번째 계목이다. 첫 번째 계목인 불살
생(不殺生)이 생명 존중, 생명 평등의 가르침이라면, 이 불투도
(不偸盜)의 가르침은 복덕 평등, 노동 존중의 가르침이라 할 수
있다.

　　뺏거나 훔치는 일을 생계 수단으로 삼게 되면 남에게 피해를
줄뿐만 아니라 스스로에게는 전생에 쌓았을지도 모를 자신의
복덕종자마저 소멸되고 나태에 빠지게 되어 가난하고 천박한
과보를 받게 된다고 하셨다.

　　즉 자신의 경제적 풍요를 위해서라도 강탈과 훔치는 등의 악
업을 저지르지 말라 하신 것이다. 더 나아가 자신과 이웃의 평
등한 경제적 풍요를 위해 열심히 일하고, 일해서 얻은 이익을
널리 베풀어 공덕을 닦으라 하셨다.

다생겁래로 나의 이익을 위해
남의 것을 탐내고 빼앗고 가로채고 방해하고 훔치는 등의
악업을 진심으로 참회합니다.
생존을 위해 부득이 사용하지만 자연 환경을 해치고
마구 낭비한 생활 습관을 진심으로 참회합니다.

부처님의 계율이나 여타 성현들의 계명은 모두 '~을 하지 말라'라는 형식으로 되어 있다. 그 가르침대로 실천하고 지키면 착실한 종교인, 착한 사람이라 할 수는 있을 것이다. 하지만 자기 성장과 사회 발전을 위해서는 하지 말라는 계명을 지키는 것만으론 부족하다.

불교의 불투도계 역시 마찬가지다. 남의 것을 탐내지 않고 뺏거나 훔치지 않음이 착함은 될지언정 자신과 이웃 사회에 풍요를 주는 데는 별 도움이 되지 못한다.

물질적 풍요를 위해서는 수익을 창출해야 하는데 이것은 노동과 나눔이라는 두 가지 일이 선행되어야 가능한 것이다.

투자하고 노동하는 등의 경제 활동에 의하여 부를 얻게 된다는 것은 다 아는 사실일 테지만 내가 가진 물질을 나누어야 넉넉해진다는 말에는 동의하기 어려운 사람들이 많을 것이다. 물질은 현실적으로 나누는 만큼 줄어들기 때문이다. 그런데 부처님이나 정신적 지도자들은 하나같이 물질적 풍요를 원한다면 재물을 널리 나누라고 가르친다.

부처님께서는 물질적 부를 얻는 일로는 재물 보시, 즉 물질을 나누는 일이 가장 좋은 방법이라 하셨다. 재물 보시는 이자 높은 은행에 저축하는 것과 같아 복덕이 한량없이 늘어나고, 뺏고 훔치거나 받아쓰기만 하는 것은 칼을 가는 숫돌과 같아 쌓아 놓은 복덕이 점점 줄어든다 하셨다. 그러면 뺏고 훔친다는 것은 구체적으로 어떤 것들이 있는가를 살펴보자.

나누는 당신, 이미 행복이니

당장 눈에 보이는 돈이나 귀중품 등 유형의 물질을 뺏고 훔치는 일이 도둑질이라는 것은 누구나 쉽게 알 수 있는 일이다. 그러나 삶 가운데 은연중 강탈하거나 훔치고도 그 행위가 도둑질이라는 사실을 자신도 인식하지 못하는 것들이 많다.

예를 든다면 남의 성공을 시기, 질투하는 것도 그렇고 성공을 방해하거나 가로채는 일들이 모두 도둑질이요, 강탈이다.

또한 직장의 사무용 전화를 개인적인 일로 쓰는 일, 근무 태만, 비품 훼손, 소모품 낭비, 기술 정보 유출, 공동체의 수익 분배 불공정, 상인들의 폭리, 남의 공을 내게로 돌리는 일, 성직자의 신도 헌금 사유, 자연 훼손, 심지어는 물 한 방울 함부로 쓰는 일 등 구분하기 어렵거나 편의대로 간과되는 투도 악업이 헤아릴 수 없이 많으니 살피고 살필 일이다.

중생은 늘 자기중심적인 이기심에 빠지기 쉽다. 그 이기심은 남의 성공을 용납하기 어렵게 만든다. 재물도 남보다는 내가 더 가져야 되고, 사회적 지위도 내가 더 높아야 직성이 풀린다. 그러니 사촌이 땅을 사면 배가 아프고, 친구가 출세하면 울화병이 난다.

이렇게 배 아프고 울화가 치미니 방해하고 가로채게 되는데 모두 죄악으로서 자신과 이웃을 불행하게 만드는 첩경이다.

나누면 풍요로 보답 받고, 빼앗으면 가난으로 앙갚음을 당하는 이치는 우주의 섭리다.

이 섭리는 소리와 메아리의 관계와 같다.

"당신은 부처님이시오." 하고 외치면 "당신은 부처님이시오."로 되돌아오고, "네놈은 사탄이다." 하고 악을 쓰면 "네놈은 사탄이다."라고 악을 쓴다.

메아리는 털끝만치의 오차도 없는 인과 법칙이다. 이 인과 법칙이 진리이다. 어떠한 메아리를 들을 것인가는 자신이 어떠한 소리를 외치느냐에 달려 있다.

행복하고자 하시는가? 부지런히 공덕을 닦으시라.

어떻게 닦을 것인가? 남의 것을 탐내어 가로채거나 훔쳐 남에게 절대로 손해를 끼치지 말라.

그리고 가진 것을 널리 나누어 이웃에게 이익을 주어라. 재물도 좋고, 노력도 좋고, 기술도 좋고, 덕담 한 마디도 좋다.

나의 역량과 내게 있는 모든 것을 이웃의 이익을 위해 나누는 것이 다 보시이고, 공덕 닦기이다.

영평사에서는 올해로 여덟 번째 구절초 꽃 축제를 마쳤다.

신성시되는 절 도량에서 꽃 축제는 정말로 엉뚱한 짓거리다. 저속하기 이를 데 없는 잡사(雜事)임에 틀림없다. 그런데 영평사 주지는 계속하고 있다. 꽃을 보며 행복해하는 사람들을 외면하지 못하는 여린 마음 때문에 중단하지 못하는 것이다.

감히 자비심은 아니지만 일 년을 두고 손꼽아 기다리는 민중을 위한 일이다. 그리고 신도회에서 하는 국수 만발 공양과 각종 봉사의 일은 참으로 가치 있는 공덕 닦기이다. 이삼 주간의 긴 축제 기간 내내 집안 살림은 밤잠을 나누어 해결하면서 소리

나누는 당신, 이미 행복이니

소리 없이, 아니, 뿌듯한 보람을 느끼면서 각 분야별로 맡아 노력 봉사를 하는 불자들을 보면서 구절초 꽃의 아름다움을 다시 한 번 확인한다.

구절초 꽃이 아니었으면 우리 영평사 불자들이 어떻게 저 큰 공덕을 닦을 수 있었겠나, 또 경향 각지에서 몰려드는 그 많은 사람들이 절 도량을 밟아 보는 인연을 만나 볼 수나 있었겠나, 각 지역에서 찾아온 불자들이 부처님을 한 번 더 찾아 뵐 수 있구나 생각하니 구절초 꽃은 우리 모두를 이끌어 주기 위하여 오신 화현보살(化現菩薩)임에 틀림없다는 믿음이다.

불멸의 행복을 선사하는 영평사도 무궁할 것이고, 봉사자 모두도 무량복덕의 메아리를 듣게 될 것이다.

잠시 참회와 다짐의 시간을 가지고자 한다.

다생겁래로 나의 이익을 위해 남의 것을 탐내고 빼앗고 가로채고 방해하고 훔치는 등의 악업을 진심으로 참회합니다. 생존을 위해 부득이 사용하지만 자연 환경을 해치고 마구 낭비한 생활 습관을 진심으로 참회합니다.

앞으로 자연은 정복의 대상이 아니라 공존의 관계임을 깊이 인식하여 절제하며 나와 이웃의 풍요로운 삶을 위하여 열심히 일하고 남의 성공을 돕는 일에 나의 역량과 가진 것을 힘껏 나누는 보시행을 부지런히 실천하겠습니다.

• 2007년 10월 22일

임진년 수확은
얼마인가

한 해가 또 그 자취를 감추어 가고 있습니다.

물론 지혜로우신 불자님들이야 늘 오늘을 사시니 묵은해니 새해니 하는 분별조차 없으시겠지만 규정되고 주입된 시간관념에 젖은 지 오래인 우리에겐 12월의 하루하루는 너무 짧게 느껴지는 것이 어쩌면 당연한 감정일 것입니다.

지나간 여러 달들과는 사뭇 다른 감회에 빠지는 것은 산승만의 허접한 망상만은 아니리라 생각됩니다.

예컨대 일 년간의 삶을 되돌아보며 연초에 계획했던 일들을 계산도 해 보고, 무엇을 위하여 분주하였던가를 살펴봄으로써 이때만이라도 인생살이의 의미를 한번쯤 음미해 보는 것은 가치 있는 일일 것입니다.

철없는 아이들은 한 살 더 먹는다고 은근히 하루가 지루하게 느껴질 것이고, 황혼길에 접어든 사람들은 수명이 또 한 살 줄어드는구나 하면서 세월의 신속함이 야속하다는 감정 또한 없

나누는 당신, 이미 행복이니

지 않을 것입니다.

사람이라면, 적어도 사람답고자 하는 사람이라면 12월만이라도 한 해의 일들을 정리해 보아야 합니다.

일 년간 열심히 일을 했으니 당연히 이해득실과 공과를 추심해 놓아야 내년의 일을 다짐할 수 있기 때문이지요.

계획했던 일이 만족할만한 성과를 내지 못했다면 꼼꼼하게 검토하여 그 원인이 어디에 있었는가를 규명해 두어야 똑같은 우를 범하지 않게 될 것이요, 매사 잘 되었다면 그 또한 새로운 도약의 토대가 될 것입니다.

일의 성패에는 반드시 원인이 있기 마련이어서 애낭초 이루어질 수 없는 계획을 세웠을 수도 있을 것이고, 실행 과정에서 필요조건을 충족시켜 주지 못했을 경우도 있겠지요.

매사 '인연소치(因緣所致)'라는 말이 있는데 이 말은 진리 가운데 가장 뛰어난 틀림없는 진리입니다.

인연이라 할 때 인(因)은 원인으로서 씨앗, 계획 등등이고, 연(緣)은 조건으로서 노력, 자본, 환경 등등을 말하는 것입니다.

원인도 바르고 조건도 바르다면 그 일은 반드시 기대 이상의 성과를 얻게 되겠지만 원인이나 조건, 즉 계획이나 노력 가운데 하나라도 부실하면 절대로 좋은 결과를 얻을 수 없는 것이지요.

콩 농사를 예로 들어 보면 잘 여문 콩 종자가 있는데 아무리 좋은 종자일지라도 땅에 심지 않거나 심고 가꾸더라도 수분이나 태양과 같은 자연 조건이 뒷받침되지 않는다면 싹을 틔울 수조차 없을 것이고, 밭도 좋고 모든 환경을 맞추어 주는 노력을 하더라도 종자가 부실하다면 결실은 기대할 수 없겠지요.

우리 인생살이도 콩 농사와 별반 다르지 않을 것입니다.

한 해를 넘기면서 가족이 함께 모여 가족과 가정의 일 년 농사를 되돌아보는 시간을 가져 보면 좋겠습니다.

직장에서도 송년회니 망년회니 하는 술자리보다는 이런 일이 선행되어야 하지 않을까 생각해 봅니다.

단순히 가정살림이나 직장 내지는 사업체의 손익 계산이 아니라 관계 속에 사람으로서의 도리는 잘하였는가, 그리고 자신의 인생살이는 어떠했는가를 꼼꼼히 짚어 보아야 향상의 분이 있다 할 수 있을 것입니다.

재물이나 명예만으로는 진정한 행복을 충족시킬 수 없습니다.

명리가 나쁘다거나 필요 없다는 것이 아니라 그것들은 지극히 일시적인 것이고, 제한적이며, 무상한 것이고, 아무리 채우려 해도 채워지지 않는 것들이어서 가졌거나 가지지 못하였거나 갈증만 심해지니 그 자체가 고통인 것입니다.

이 재물, 지위 같은 것들이 고통인지 아닌지 한 번 함께 살펴보십시다.

재산을 예로 든다면 40세까지 5억 원의 재산을 모으기로 목표를 정해 놓고, 열심히 일하고 가족과 여유 생활 한 번 못하는 등 사람 노릇도 제대로 못하면서 겨우 이루고 보니 만족은커녕 더 큰 욕심이 생깁니다. 만족하지 못하고 욕심은 더 커지니 괴

나누는 당신, 이미 행복이니

롭고, 모은 돈 없어질까 걱정이니 모두 고통스러운 것입니다.

비단 재산뿐만 아니라 사회적 지위나 명예도 그렇습니다. 또한 재산을 쌓고 출세하려는 목적이 바르지 못하다면 노력할 때도 즐겁지 못하고, 아무리 많이 쌓고 높이 올라갔더라도 만족하지도, 행복하지도 못합니다.

한마디로 바른 가치관이 없다면 아무리 많이 가졌더라도 진정한 행복은 없습니다.

반면 바른 가치관을 가졌다면 일도 즐겁고, 가진 것이 많고 적음에 관계없이 행복을 향유할 수 있게 됩니다.

부처님께서는 중생의 고통은 무지(無智)가 원인이라 하셨습니다. 무지로 인하여 잘못된 행위, 즉 올바르지 못한 행위를 저지르게 되어 한량없는 고통을 겪는다는 것이지요.

부처님은 중생을 연민히 여기시므로 고통의 길을 벗어나 참행복으로 나아가는 여덟 가지 바른 길을 제시하셨습니다.

이 팔정도(八正道)는 정견(正見, 올바른 견해), 정사유(正思惟, 올바른 생각), 정어(正語, 올바른 말), 정업(正業, 올바른 행위), 정명(正命, 올바른 생활), 정정진(正精進, 올바른 노력), 정념(正念, 올바른 기억), 정정(正定, 올바른 선정) 등인데 이 가운데 첫 번째 올바른 길인 정견이 가장 중요합니다.

올바른 견해, 올바른 안목, 통찰력이 갖추어져야 생각이나 언행이 올바를 수 있기 때문이지요.

그러면 '바르다(正)'는 것은 무엇이겠습니까?

'바르다', '옳다'는 것은 '지혜'이고, '선(善)'이며, '즐거움'이고, '행복'입니다.

'바르지 않다', '그르다'는 것은 '무지'이고, '악(惡)'이며, '괴로움'이고, '불행'입니다.

바르다 – 옳음, 좋음, 착함, 이로움 – 는 것은 내가 한 말이나 일들이 '나도 이롭고 모든 이웃도 이로운 일'을 의미합니다.

내가 한 행위가 나에게만 이롭다거나 이웃에게만 이로운 것이라면 그것은 악은 아니더라도 참 바른 일은 아닙니다.

내가 한 행위가 어느 한쪽이라도 해로우면 그것은 바르지 못한 것, 그른 것, 악입니다.

그러므로 행복에 이르는 여덟 가지 바르고 성스러운 길 가운데 첫 번째 덕목인 정견을 갖추게 되면 어떤 일을 당하더라도 냉정하고 명철한 판단이 서게 됩니다.

바른 안목을 갖추고 보니 탐욕과 분노는 자신과 모든 이웃에게 해로운 것임을 알게 되고, 거짓말·꾸며 대는 말·이간질·악담·험담도 역시 그렇고, 살생·도둑질·불륜도 역시 자신과 이웃의 불행을 초래한다는 것을 분명히 알게 되니 절대로 저지르지 않게 되는 것이지요.

직업 선택도, 대인관계도, 사업도, 그 어떠한 일도 시작하기 전에 '나에게도 이롭고, 모든 이웃에게도 이롭겠는가'를 먼저 꼼꼼하게 살펴볼 일입니다.

이렇게 바른 안목을 갖춘 사람의 일은 시작도 즐겁고, 중간

나누는 당신, 이미 행복이니

도 즐겁고, 결과도 즐거우니 삶 자체가 행복입니다.

자! 이제 계산해 보시지요. 일 년간의 가족 관계, 직장 관계, 이웃 관계, 그리고 가업(家業)과 사업, 특히 지금까지의 인생살이를 진정한 행복에 이르는 올바른 길, 이 팔정도에 비추어 계산해 보십시오.

임진년의 수확은 얼마이고, 지금까지 살아 온 인생의 수확은 어떤 것입니까?

별 수확이 없다면 이것 하나 명심하고 임진년을 보내십시다.

'바른 견해를 갖추자!' •2012년 12월 15일

부처님의
효

오늘은 효도에 관해 함께 공부하면서 자신은 효자인가 불효자인가 살펴보는 시간을 가지고자 합니다.

자고로 동서고금을 통하여 효도 문제는 인생사 가운데 가장 중요한 문제로 인식되어 왔다 해도 과언이 아닐 것입니다. 그뿐만 아니라 각 종교의 가르침에서도 효도의 중요성을 강조하고 있다 하겠습니다.

효도야말로 인류의 근원이 되는 도리이며 인간에 있어 공통된 본연의 가치관이라 할 수 있기 때문에 아무리 강조해도 지나치지 않는 일이라 생각됩니다.

한편 많은 사람들이 효 하면 유교, 유교 하면 효라는 선입견을 가지고 있고, 부모를 떠나 출가하는 불교와 제사를 지내지 않는 기독교는 불효의 종교라는 오해를 하고 있는데 사실은 각 종교마다 효도에 대한 그 나름의 가르침이 있습니다. 유교의 가르침 가운데 '효는 만복의 근원이요, 백행의 기본이다'라는 말씀이 대표적인 가르침일 것입니다. 머리카락, 손톱까지도 부모님으로부터 받은 것이니 신체의 일부를 손상하는 것은 불효라고 보았고, 주로 인륜의 기본으로 규정하는 등 유교의 효는 다분히 인본주의(人本主義)에 가깝다 할 수 있습니다.

기독교에서는 기독교가 발생한 그 지역 정서의 특성상 동양인들이 생각하는 효도와는 많은 차이점이 있어 현재 한국의 기독교계에서조차 그리스도의 효 사상을 찾아내기가 난감하다고 실토하는 실정이지만 계율로 정하여 효도할 것을 명령하고 있습니다. 다만 하나님 안에서의 효도, 즉 효도는 단순한 부모 공경이 아니라 하나님을 경외하는 마음에서 우러나와야 된다고 강조함으로써 부모님보다는 신을 잘 섬길 것을 명령하고 있음을 알 수 있습니다. 이렇게 볼 때 기독교의 효는 신본주의(神本主義)에 기초한다고 볼 수 있습니다.

이들 두 종교의 가르침에 비해 불교의 효는 어떤 주의에도 초연하다 할 수 있습니다.

모든 중생은 부처님이시고, 모든 중생은 전생의 내 부모님이시라는 인식을 바탕으로 부모님도 부처님이 되실 분이기에 부모님께 효도한 사람이 성불한다는 등 많은 경전에서 효도를 권장하고, 또한 최상의 효행은 부모님께서 진리를 깨달으실 수 있도록 도와드리는 것이라고 되어 있어 굳이 말한다면 성불주의(成佛主義)에 기초한다고 할 수 있을 것 같습니다.

부처님의 효에 대한 대표적인 가르침은 '세상의 어떠한 신을 섬김보다도 부모님을 지성으로 섬기는 일이 최고의 선이다. 부모님이야말로 최고의 신이기 때문이다'와 '선의 최상은 효도보다 더 큰 것이 없고, 악의 최상은 불효보다 더 큰 것이 없다'일 것입니다.

물론 '부모님 뜻을 거스르지 말라', '부모님을 기쁘게 해 드려라', '부드러운 옷, 부드러운 음식으로 봉양하라', '부모님의 마음을 상하게 하지 않는 한도 내에서 진리를 따르시도록 권하라'는 등의 세세한 가르침들도 많습니다.

모든 가르침에서도 그렇듯이 이 효도 문제에 있어서도 부처님의 가르침만큼 근원적이고, 광의적이며, 궁극적인 효도는 없다고 할 수 있습니다. 그 근거는 모든 중생이 나의 전생 부모였고, 심지어는 흙, 물, 불, 바람까지도 내 지난 생의 부모님의 뼈와 살이었다고 보는 데 있습니다. 또 제자들에게 자주 하신 말씀 가운데 '나는 세세생생 모든 부처님들의 지극한 효행을 본받아 행했으므로 덕이 높아지고 복이 왕성해져서 마침내 부처가 되어 삼계에 독보하게 되었느니라'고 하신 말씀에 있다 하겠습니다.

조선시대의 유교 인사들이 불교는 부모, 형제, 국가, 다 버리고 출가하여 자기 일신의 안일만을 추구하는 패역지도(悖逆之道)라고 폄훼하고 공박했던 시절도 있었습니다. 지금도 그렇게 오해하는 사람들이 있지만 불교는 예나 지금이나 모든 존재를 부처님으로 인식하고 모든 생명들을 전생의 부모 형제로 보며,

출가 목적이 자기만의 안일이나 영달을 위함이 아니라 일체중생의 진정한 행복을 위함에 있으니 세상의 어떠한 효도의 가르침보다도 더 크고 진정한 효도의 종교라 할 수 있습니다.

또한 부처님의 효도에 대한 가르침은 어떤 성인들의 그것보다 직접적이고 실천적이라 할 수 있습니다. 한 예로 어느 날 부처님께서 1,250명의 제자들과 길을 가시다가 길옆의 한 무더기 뼈를 발견하시고는 흙먼지를 불구하고 뼈 무더기에 오체투지로 절을 하셨습니다. 이에 영문을 몰라 어리둥절하는 대중을 대신하여 아난존자가 부처님께 여쭈었습니다.

"세존이시여! 부처님께옵서는 삼계의 대도사이시고 사생의 자부이시온데 무슨 까닭으로 누구의 것인지도 모를 다 썩은 뼈 무더기에 절을 하십니까? 도무지 그 뜻을 알지 못하겠나이다. 바라옵건대 자비로 저희들의 의심을 풀어 주시옵소서."

이에 부처님께서는 자비롭고 한없는 연민의 음성으로,

"아난아. 너희들이 나에게 출가하여 수행한 지 오래 되었는데도 아직도 모른단 말이냐?

저 뼈는 나의 전생 부모님의 뼈이니라. 그뿐만 아니라 이 세상의 모든 남성은 나의 누겁(累劫) 전생 아버지요, 여성은 나의 누겁 전생 어머니이시니라."라고 말씀하시고 부모님 은혜의 막중함과 그 은혜에 보답할 것을 설하셨으니 이 경전이 바로 그 유명한 『대보부모은중경(大報父母恩重經)』입니다.

또한 부처님께서는 성불하신 후 곧 고국을 방문하여 부왕을 찾아뵙고 법을 설하시어 부왕과 여러 왕족들을 진리의 세계로 인도하심으로써 출세간적인 진정한 효도를 하셨고, 부왕의 장례식에 향로를 받들고 부왕의 관을 몸소 화장장까지 인도하심으로써 세간적 효행까지도 소홀히 하지 않으신 세심한 가르침이라 할 수 있습니다.

귀하신 몸을 땅에 던져 이름 모를 뼈 무더기에 절하시고, 부왕의 관을 메시는 등 몸소 효행을 보이심은 당시의 출가 대중은 물론 미래 중생들에게 효도의 중요성을 강조하신 세상 어떠한 효의 가르침보다도 살아 있는 큰 가르침이라 하지 않을 수 없습니다.

부모를 효도로써 섬기는 데서 오는 과보는,
보살이 받는 과보와 동등하다.

부모님의 은혜는 부처님의 은혜와 동등하고,
부모님을 섬기는 데서 오는 과보는
불보살님을 섬기는 데서 오는 과보와 동등하다.
　　- 『중일아함경(增一阿含經)』

만약 '부모를 해하는 자가 있다면 그는 무량 아승지겁을 통하여 재앙을 받는다'는 등의 가르침에서 효도의 과보로 얻을 복과 불효의 과보로 받게 될 재앙에 대해서도 많은 가르침을 남기

　　나누는 당신, 이미 행복이니

셨습니다.

또한 『대승본생심지관경(大乘本生心地觀經)』에서는 '아버지가 베푸신 은혜 태산과 같이 크고 높으며, 어머니가 베푸신 은혜가 바다와 같이 깊고 넓다'라고 부모님의 은혜를 말씀하시는데 그러한 아버지의 은혜를 '자은(慈恩)'이라고 하며, 어머니 은혜를 '비은(悲恩)'이라고 하셨습니다.

아버지의 자은에서 '자(慈)'를, 어머니의 비은에서 '비(悲)'를 따서 불교의 기본사상인 '자비'라는 단어가 생겨난 것입니다. 이 자비의 의미는 바로 부모님이 자식을 사랑하시는 마음으로 일체중생을 연민의 정으로 사랑하는 것을 말합니다. 여타 종교들의 사랑과 같은 조건부 사랑이 아닌 무조건적인 사랑이 자비이지요.

부처님은 부모님의 열 가지 은혜를 말씀하셨는데 그 내용은 '잉태하여 지켜 주신 은혜, 해산하실 때 수고하신 은혜, 자식을 낳고 모든 근심을 잊으신 은혜, 쓴 것을 삼키고 단 음식을 뱉어 먹이신 은혜, 항상 자식은 마른자리에 뉘이고 젖은 자리에 누우신 은혜, 젖을 먹여 주신 은혜, 깨끗하지 않은 것을 씻어 주신 은혜, 자식이 멀리 갔을 때 걱정하시는 은혜, 자식을 위해서는 나쁜 일도 마다하지 않으시는 은혜, 죽을 때까지 자식을 애처롭게 여기시는 은혜'입니다. 부처님은 이렇게 열 가지 부모님 은혜를 제시하시면서 효도로써 그 은혜에 보답할 것과 그 방법을 설하시고 계십니다.

잠시 명상을 통하여 자신은 어떤 자식이며, 어떤 부모인가를 생각해 보십시오. …… 어떠셨나요? 어떻게 해야 할지도 아셨죠? • 2009년 11월 16일

나누는 당신, 이미 행복이니

효도
어떻게 할 것인가

지난 법회 때는 효도에 대한 3대 종교의 가르침들을 간략하게 알아보면서 효도의 중요성을 재인식하고, 자신은 부모님에 있어 어떤 자식인가를 돌아보게 된 계기를 만들어 보았습니다.

그러면 오늘은 효도를 어떻게 할 것인가, 부모님을 어떻게 봉양해야 하는가를 함께 짚어 보도록 하겠습니다.

흔히 말하기를 자식을 낳아 보고 길러 봐야 비로소 부모님의 은혜를 만 분의 일이나마 안다고들 합니다.

여기 법우님들 모두 어머니, 할머니 아니신 분이 한 분도 없는데 과연 자식을 낳고 키우면서 부모님 은혜 얼마나 아시게 되었는지요? 부모님께서 겪으셨을 고충 얼마나 아셨나요? 만 분의 일이라도 짐작이나마 했다면 조금이나마, 아주 조금이나마 보답하셨는지, 보답할 마음이라도 내어 보셨는지요?

알면 뭐 합니까? 그 순간뿐이지요. 양심과 비양심이 공존하는 중생인지라 자기를 우선시하면서 비양심 쪽으로 끌려가지요. 그러니 당연히 금방 망각하고 불효를 거듭하게 되지요. 그렇지만 순간순간이라도 '잘못하고 있구나', '효도해야지' 하는 마음을 자주 내십시오. 자주 반성하고 마음을 내다 보면 어느덧 자기가 효자, 효부가 되어 있을 것입니다.

자식에게 쏟는 사랑 만 분의 일만 부모님께 바쳐도 효자, 효부 못 될 사람 없다고 하지요. 법우님들은 어떠신지요? 또 효도까지는 아니더라도 부모님을 모시면서 무언가 대가를 바란다거나 조건을 달지는 않았는지, 요리조리 못 모실 핑곗거리를 찾지는 않았는지 돌아보아야 합니다.

요즘 부모님 모시는 일조차도 조건부가 많다는 말을 많이 들어서 잘 압니다. 부모님을 형제간 협상하는 물건으로 전락시키는 불효자들이 많다는 말도 흔하게 들리고요. 유산 때문에, 이목 때문에…….

정부에서도 세금을 감면해 주는 등 이런저런 퇴폐풍조를 조장하는 웃지 못할 효 권장 정책도 펴는 실정이니 효도니 인륜이니를 거론하는 것 자체가 시대착오적인 일인지도 모릅니다.

자고로 불효자를 벌하고 효자를 표창하여 효를 계도하고 장려하는 일은 늘 있어 왔고 백 번 지당한 일이지만 물질적 이익을 먼저 주면서 부모 봉양을 유도하는 불행한 시대, 총체적 불효의 시대가 또 있었을까 하는 쓸쓸한 생각을 합니다.

부모님 봉양하는 데 부득이 조건부를 허용한다면 단 한 가

나누는 당신, 이미 행복이니

지, 자식 때문이라는 조건부를 제안하고 싶습니다.

내가 자식이기 때문에 어떤 어려움이 있어도 내가 모신다, 낳아 주셨기 때문에 나의 부모님 봉양을 그 누구에게도 양보할 수 없다, 길러 주셨기 때문에, 가르쳐 주셨기 때문에 부모님을 모시고, 나의 사식들이 내가 부모님께 하는 모든 것을 보고 있기 때문에 효도로써 부모님을 모신다는 조건부가 유행한다면 얼마나 좋을까 하는 망상을 피워 보는 겁니다.

또 요즘 노인 요양 병원이 생기는데 문병을 가 보면 영락없는 현대판 고려장이라는 착각을 일으키는 것은 이 산승만의 오해가 아닐 것입니다. 다소 소홀하게 모시더라도 격리시키는, 고려장시키는 불효는 저지르지 말아야 할 것입니다.

고려장 시대에도 은밀한 곳에 감추어 모시고 효도한 자식이 있는가 하면, 오늘날 허울 좋은 요양 병원이나 아예 먼 타향, 이국땅에 버리는 극악무도한 자식도 있다는 소식이 종종 들립니다.

부모님 봉양을 이런저런 조건부로 한다는 것은 있어선 절대로 안 될 일들이라고 생각됩니다.

인연법을 잘 아는 우리 불자님들은 부모님과 만난 것이 숙생의 깊은 인연이라는 사실을 잘 아십니다.

좋은 감정이거나 나쁜 감정이거나 이것은 순전히 자신의 과거 업 때문이니 더욱 좋은 인연으로 만들어 가기 위해서라도 효성을 다해야 합니다.

부모님이 왜 소중하며, 왜 효도로써 봉양해야 하는가?

오늘의 나를 있을 수 있게 하신 분이요, 바로 나의 원인이자 뿌리요, 나의 모두이기 때문입니다. 더 이상 어떤 수식어도 필요하지 않습니다. 간단한 도식을 그려 본다면 부모님은 뿌리요, 나는 나무요, 자식은 열매다. 이 정도로 표현해 볼 수 있겠지요.

이 가운데 어느 것 하나 소중하지 않은 것은 없습니다.

하나라도 빠지거나 부실하면 연속성이 끊어지지요. 단절된다는 것은 무엇을 의미하는 것입니까? 족보가 이어지지 못한다는 의미이지요. 가문이 문을 닫는 것이지요. 불효 가운데 가장 큰 불효는 대를 잇지 못하는 것이라고 합니다.

공맹시대의 효자들처럼 부모님 상에 삼 년 시묘살이를 하자거나 손톱도 깎지 않는 그런 효도를 그대로 실천하자는 것은 아닙니다. 성인들의 가르침을 근간으로 하여 이 시대 환경에 맞추어 부모님 봉양에 정성을 바치자는 것입니다.

효도는 아니더라도 최소한 불편함이 없으시도록 모시자는 것입니다.

몇 가지 제언코자 합니다.

부모 자식으로 만난 깊은 인연을 인식하자.

조석 문안은 반드시 드리자.

조석으로 별도의 절, 참회 · 감사 · 다짐의 삼배를 드리자.

나누는 당신, 이미 행복이니

며느리들은 부모님의 식성을 파악하여 맞추어 봉양하고, 자주 무엇이 드시고 싶으신가를 여쭈어 공급하자.

매월 용돈을 드리고 부족하시지 않으셨는지를 여쭙자.

직계 자손들이 모두 모여 생신을 축하해 드리자.

타계하셨다면 천도재를 지내 드리거나 부모님 이름으로 불우 이웃돕기를 반드시 자녀들과 함께하자.

자기 생일날에는 부모님께 꽃과 특별 용돈을 준비하여 큰 절 올리고, 낳아 주시고, 키워 주시고, 가르쳐 주신 고마움의 말씀을 드리자.

부모님을 모시고 가벼운 여행을 다녀오거나 목욕이라도 모시자.

한편 생일의 풍속도를 바꾸어야 합니다.

생일은 자기가 태어난 날이 아니라 부모님이 자기를 낳아 주신 날입니다. 어머님이 열 달 동안 갖은 고통을 다 참으시고 온갖 정성을 다 바쳐 보호하시다가 죽음을 무릅쓰고 비로소 낳아 주신 날인 것입니다. 그런데도 자기가 축하나 받고 앉아 있어서야 사람이라 할 수 있겠습니까? 노고를 위로해 드리고 감사드려야 마땅한 도리가 아니겠습니까?

생일날의 의미가 재정립되어야 불효자식이 덜 나옵니다.

자식 생일날 미역국 끓여 주고 잔치해 주는 것은 완전히 뒤바뀐 풍습입니다. 미역국은 산모였던 어머님이 드셔야 되고, 잔

치도 수고하신 부모님이 받으셔야 맞는 것이지요. 물론 탄생을 축하해 주는 일이야 좋은 일이기는 합니다.

아이들 생일에 친구들 초대하고 케이크 자르는 것도 좋지만 우선되어야 할 일은 아이들이 자기를 낳아 주신 데 대한 고마움을 알게 해 주는 일입니다.

앞서와 마찬가지로 몇 가지 제안합니다.

말을 알아들을 수 있는 유치원생부터는 제 생일날 자기 용돈으로 꽃 한 송이라도 사서 어머니, 아버지 가슴에 달아드리고 큰 절 올리며 '낳아 주셔서 고맙습니다' 정도의 인사를 하도록 가르치자.

조부모님이 계시면 조부모님께도 똑같은 예를 갖추게 하자.

옆구리 찔러 절 받기가 계면쩍다면 엄마 생일에는 아빠가, 아빠 생일에는 엄마가 유도한다.

성장한 정도에 따라 인사말은 적절히 조정하면 된다.

내가 노후에 자식이 어떻게 대해 줄까를 걱정 말고 지금 자식 노릇을 잘해야 합니다. 자식은 120퍼센트 부모의 행위를 따릅니다. 효자 집안에 효자 나고 불효자 집안에 불효자 나는 것은 천리이지요. 나는 효자인가 불효자인가를 냉철하게 살펴볼 일입니다. •2009년 11월 23일

나누는 당신, 이미 행복이니

간병은
큰 공덕이 된다

　　　　　　간호사의 길을 선택하신 일은 참으로 잘한 일입니다.

후회 없으시죠?

설령 출세하기 위해서 혹은 생계 수단으로 이 길을 선택하였다 해도 높이 평가받을 만합니다.

환자를 돌본다는 것은 많은 일 가운데 참으로 가치 있는 소중하고 고결한 일이기 때문입니다.

간호사관이란 전문인으로서의 자긍심은 아무리 높여도 지나치지 않습니다.

부처님께서는 의사를 일체중생을 진정한 행복의 세계로 이끌어 주시는 진리의 왕(法王)인 부처님 다음으로 공덕이 크다하여 의왕(醫王)이라 칭찬하셨고, 오늘의 산승은 모든 간호사관 여러분을 진정한 보살이라 부릅니다.

자고로 의술은 생명을 다루는 기술이기에 인술(仁術), 즉 사랑의 기술이라 합니다. 그런데 오늘날의 많은 의사들은 사랑의 기술자라는 본분을 망각하고 돈 버는 기술자로 전락했다는 데 대다수의 수요자들이 입을 모으는 현실입니다.

걱정스럽고 실망스러운 일이지만 산승도 공감하고 있습니다.

하지만 입원 치료를 받아 본 산승은 간호사의 정신은 그대로 살아 있어 조금도 퇴색되지 않았다고 믿습니다.

병원 신세를 진 경험자들이 다 느끼는 사실이기도 합니다.

돈 버는 기술자로 전락한 의사를 버리지 않고 여전히 잘 보조해 주는 일도 그렇고, 전문 간호인으로서 인간의 생명을 존중하고 환자의 질병뿐만 아니라 마음의 병까지도 보살피는 데 세심한 정성을 쏟는 간호사야말로 진정한 보살이요, 의왕입니다.

부처님께서는 단세포 동물부터 최고의 신에 이르기까지 모든 중생들의 생명은 절대 평등하다 하셨고, 개개의 생명 가치는 절대 존엄하다 하셨습니다.

현대적으로 표현한다면 '생명 평등 선언', '생명 존엄 천명'이라고 할 수 있겠지요.

또한 일체중생이 부처이니 모든 중생에게 공양하는 것이 일체 부처님께 공양하는 것이라 하셨습니다.

플로렌스 나이팅게일의 간호 정신도 좋지만 불자 간호사관 여러분은 부처님의 생명 평등, 생명 존엄 정신을 바탕으로 하는 간호사이기를 기대합니다.

아울러 한 분의 환자는 한 분의 부처님이라는 깊은 인식으로

나누는 당신, 이미 행복이니

부처님을 시봉하는 지극한 정성을 바쳐 모든 환자의 심신 질병을 치유하는 보살 간호사가 되어 주시길 권장합니다.

그러면 부처님께서 말씀하신 간병에 대한 많은 가르침 가운데 몇 가지만 살펴보겠습니다.

> 병자를 간호함에 은혜(자기의 수고)를 내세우지 않으며 쾌차한 뒤에도 돌보아 병 뒤의 피로가 도질까 염려해야 한다.
> 만약 회복해서 본래의 건강하던 때와 같아지면 기쁜 마음을 가질 뿐 수고에 대한 대가를 바라지 않으며 불행히도 병자가 사망했을 때에는 장례를 치르고 사십구재와 천도재를 지내고 또한 친지와 권속을 위해 설법하여 위로하고 깨달음으로 인도해야 한다.
> 다행히 병이 나아서 기쁜 마음으로 물건을 보시해 올 때에는 사양하지 말고 받아서 어려운 이웃에게 돌려주어야 한다.
> 만약 이렇게 간호하여 병을 치유한다면 이 사람은 큰 시주자이며 참으로 위없는 깨달음을 구하는 사람이 분명하다.
>
> – 『선생경(善生經)』

이렇게 간호인의 기본자세와 방법론을 자세히 설하셨고, 또 『능엄경(楞嚴經)』에서는 "여덟 가지 복전(福田) 가운데 병을 간호하는 것이 첫째가는 복전이니라."라고 말씀하셔서 간병 공덕을 말씀하셨습니다.

복전이란 '복덕을 심는 밭'이라는 뜻으로 복덕종자를 심을 수 있는 밭, 즉 공덕을 지을 수 있는 대상을 일컫는 말입니다.

중생이 하는 행위는 낱낱이 하나의 씨앗이 되고, 그 낱낱의 씨앗을 심는 일이 되어 결국은 자기에게로 되돌아오게 되어 있습니다.

반드시 심은 대로 거두게 되어 있는 것이 세상의 이치입니다.

그리스도께서도 '뿌린 대로 거두리라' 하셨죠.

대부분의 기독교인들이 인과론을 마치 미신인 것처럼 치부하지만 그 교조인 그리스도는 철저한 인과론자였습니다.

부처님과 일체 성현들은 복덕종자를 심을 것을 권장하셨는데 그 이유는 복덕종자를 심지 않고는 절대로 행복할 수 없기 때문이지요.

불교에서 말하는 복전은 크게 경전(敬田), 은전(恩田), 비전(悲田), 이렇게 세 가지로 나누는데, 경전이란 공경하기만 해도 복이 되는 밭(대상)으로 불(佛)·법(法)·승(僧) 삼보를 말하고, 은전이란 나에게 은혜를 베풀어 주신 분들께 고마운 마음으로 보답하면 큰 공덕을 얻게 되는 밭(대상)으로 부모님, 스승님(師), 국가 사회를 말합니다. 또 비전은 가난한 사람과 병든 사람에 대한 복덕종자를 심을 수 있는 밭입니다. 가난한 사람에게 보시하고, 병든 사람을 간호해 주면 큰 공덕이 되기 때문이지요. 경전 셋과 은전 셋에 비전 둘을 더하여 여덟 가지 복덕종자를 심을 수 있는 밭이라고 하는데 이 중에서 병든 이를 간호하는 간병 공덕이 제일이라고 한 것입니다.

또 부처님께서는 『사분율(四分律)』에 "마땅히 병든 사람을 돌봐 주도록 하라. 병자를 돌보아 주는 것이 나에게 공양하는 것보다 공덕이 크다."고 하심으로써 간병을 적극 권장하셨습니다.

간호하는 사람은 『아함경(阿含經)』의 '무재칠시(無財七施)', 즉 돈이 없어도 할 수 있는 일곱 가지 공덕 닦는 방법을 응용하면 이상적인 간호사가 될 수 있을 것이라 생각되어 함께 살펴보고자 합니다.

첫째, 화안시(和顔施). 온화한 얼굴 표정도 보시가 된다는 뜻인데, 온화하고 밝고 따뜻한 표정과 희망을 주는 표정으로 간병할 때 환자에게 큰 위안이 될 것입니다.

둘째, 언시(言施). 부드러운 말 한 마디나 덕담도 보시인데, 말을 다정하고 온화하게 하며 희망을 가질 수 있는 말로 위로해야 합니다.

셋째, 심시(心施). 아픔을 함께 나누고 마음을 써 주는 것도 보시라, 진정성 있는 마음으로 간호해야 합니다. 바로 정성이죠.

환자들은 감정을 느끼고 전달받는 데 예민하여 간병자의 마음을 잘 압니다. 환자의 고통을 대신할 자비심과 자기 부모 형제를 보살피는 지극한 정성으로 간병해야 합니다.

넷째, 안시(眼施). 자비로운 눈빛도 보시다, 눈은 마음의 창이다. 병자를 관심 어린, 애정이 담긴 눈길로 다정하게 눈을 맞추어 주어야 합니다.

다섯째, 신시(身施). 육체적인 노력 봉사도 보시다. 환자를 신체적인 접촉을 통하여 간호를 하는 것입니다. 안마를 하든지 부드럽게 아픈 부위를 쓰다듬어 주는 것으로도 환자는 평안을 얻게 됩니다.

여섯째, 좌시(座施). 자리를 양보하는 것도 보시다. 병실이나 병상을 쾌적하고 편리하게 하여 환자가 편하게 쉴 수 있도록 잘 도와주는 일입니다.

일곱째, 찰시(察施). 환자를 잘 관찰해 주는 것입니다. 병의 상태를 세밀하게 관찰하고 정신 상태까지도 살피는 일입니다.

이것이 돈이 없어도 환자를 돌볼 수 있는 일곱 가지 방법입니다. 간병인이 환자를 보살필 때, 더구나 오늘날처럼 직위와 보수를 받는 간호인들은 이 정도의 자세는 갖추어야 할 것입니다.

이와 같은 간병은 보살의 자비행이라 할 수 있을 것입니다.

병든 사람을 간호하는 일은 힘들고 어려운 일인 만큼 설령 대가를 받고 하더라도 큰 공덕이 되는 것입니다.

스스로 선택한 간호사관 보살 여러분의 삶이야말로 그 자체가 공덕행이어서 사명에 충실하다 보면 어느덧 출세해 있을 것이고 대승보살이 되어 있게 될 것입니다.

싼쓰끄리뜨 '보디사뜨와(bodhisattva)'를 우리말로는 '보살'이라고 하죠.

바로 보살펴 주는 사람, 이웃의 아픔을 보살펴 해결해 주는 사람이라는 의미입니다.

관세음보살님은 괴로움에 처한 중생을 찾기 위하여 천 개의 눈과 아픈 중생을 보살펴 주기 위하여 천 개의 손을 원하셨고, 지장보살님은 아픈 중생 숫자의 아바타로 나투십니다.

이제 현장으로 나아가는 간호 보살 여러분 모두 관음의 대비와 지장의 대원을 견지하여 사 년이라는 각고의 세월 속에서 연찬한 간호의 지식과 기술을 유감없이 펼쳐 이 세상에 외로운 환자가 한 명도 없게 되고, 끝내는 아예 병자가 없는 세상을 만들어 주시길 당부합니다. 그렇게 하는 간호사관 여러분이 바로 나이팅게일의 아바타요, 관음 · 지장의 화현입니다.

간호사관 보살 여러분의 자비원력과 소명의식은 환자의 고통을 덜어줄 뿐만 아니라 자신의 보살도 수행 공덕까지 닦는 일이 될 것입니다.

부처님께서는 병든 자를 간호할 때 단순히 육신의 병고뿐만 아니라 마음의 눈까지 열리도록 마음을 쓰라 하셨습니다.

육신의 병은 오히려 치료하기 쉽다 할 것입니다. 하지만 마음의 병 치료는 간단하지 않지요. 마음의 병을 치료해 주는 일은 자기 수행이 없으면 할 수 없는 일이지요.

심신의 질병 치료를 위하여 간호사관 보살 여러분의 수행을 권장합니다. 매일 업무에 들어가기 전에 십 분 이상의 자비명상 수행을 하시기 당부합니다.

• 2008년 2월 26일, 간호사관학교 생도를 위한 법문

자,
이제 부처의 삶과
범부중생의 삶 가운데
하나를 선택하십시오.

선택의 권한은 전적으로 자기의 주인인 자신에게 있습니다.
산승은 서슴지 않고 부처의 삶을 선택하겠습니다.
여러분은 어떻게 하시겠습니까?
부처의 행을 선택하신 당신, 태어날 적마다 부귀공명, 무병
장수, 만사형통, 무량행복이 연속될 것입니다.
오늘 참으로 좋고 좋습니다.

진정한 행복
불멸의 행복이란 무엇인가

모든 생명은 끊임없이 행복을 추구한다. 태초부터 지금 이 순간까지 계속해 온 동물, 식물 등 모든 존재들의 이 행복 추구는 앞으로도 계속될 것이다.

일을 하는 것도, 먹는 것도, 레포츠를 즐기는 것도, 종교를 가지는 것도 모두 이 행복을 위한 수단이며 노력이다.

모든 존재의 최대 화두는 어떻게 하면 행복할 수 있는가, 불멸의 행복(永平)이란 무엇이며 그것은 얻을 수 있는가 하는 문제이리라.

행복에 관한 한 인간 중생이 수단 방법을 가리지 않고 가장 극렬하고 맹렬히 추구한다 할 수 있을 것이다. 그런 나머지 가장 추악한 방법까지 동원하여 자신을 불행하게 하고 사회를 혼란하게 만들기 일쑤다.

우리 부처님께서는 중생들은 크게 나누어 다섯 가지를 얻으면 그런대로 행복하게 느낀다는 오욕락을 말씀하셨다.

소위 재물욕, 이성욕, 식욕, 휴면욕(게으름), 명예욕이 그것인데 이것들은 생각만 해도 즐겁고, 얻기 위하여 노력하는 과정에서도 행복하고, 얻을 수 있다는 막연한 기대만 해도 행복감에 젖게 되므로 다섯 가지를 욕구하는 즐거움이라 하셨을 것이다. 그런데 중생들은 이 다섯 가지를 다 얻었더라도 결코 만족해하지 않고 더 가지려 한다.

왜 그런가? 탐욕은 한량없기에, 원래 그런 것이기에 그렇다.

중생마다 얻어 충족시키고자 하는 그것들은 본래 채워지지 않는, 채워질 수 없는 속성을 지니고 있는데 중생들은 깨닫지 못하고 채우려고만 허둥댄다.

중생의 욕망, 즉 탐욕이 한계가 없기에 오욕락도 채울 수 없는 것이건만 그 실상을 아는 자는 드물다.

그 탐욕에 의한 즐거움, 즉 행복은 무상한 것이기에 조금 얻었는가 하면 없어져 오래 유지되지 않는 것이 오욕락의 속성이기도 하다.

지금 있다가도 잠시 후에는 없어질 수 있는 것들이 재물이나 명예 등등 오욕락인데 그것들이, 내 것만은 영원히 나와 함께할 줄로 착각하는 것이 사람 중생의 어리석음이다.

이 오욕락은 아무리 많이 축적했더라도 진정한 즐거움이 못 된다.

오욕을 즐기고 탐닉하다가 패가망신한 사람은 많아도 성공한 사람, 즉 끝까지 그것을 지켜 행복했던 사람은 없다.

다섯 오(五) 자, 욕구할 욕(慾) 자, 즐거울 락(樂) 자인 오욕락(五慾樂)이 다섯 오 자, 욕보일 욕(辱) 자, 쓸 고(苦) 자 오욕고(五辱苦)가 된다.

이 다섯 가지 욕망들은 아무리 많이 가져도 만족스럽게 여겨지지 않아 끝내는 모욕을 당하고서야, 망신을 당하는 고통을 맛보아야 그 욕구를 멈추게 되니 즐거움이나 행복이 아니라 차라리 고통이라 해야 할 것이다.

더구나 이것들은 많이 가지고자 하면 할수록 더 부족하게 느껴지는 것들이다. 이것들에 대한 탐욕, 욕구가 크면 클수록 더욱 모자라니 고통도 더욱 커진다.

탐욕과 고통은 정비례한다. 탐욕이 크면 고통도 커지고, 탐욕이 적어지면 고통도 작아진다. 그러니 중생들이 그토록 가지고자 하는 이 오욕락은 진정한 즐거움, 영원한 행복의 조건이 될 수 없다.

잠시 고통은 왜 생기는가를 살펴보자. 탐내고, 화내고, 삿된 소견을 일으키는 등 세 가지 독한 마음이 원인이다. 삼독심은 왜 생기는가? 자기만을 위하는 이기심이 원인이다.

이기심은 무엇이 원인인가? 나(我), 내 몸이 있다는 착각이 원인이다. 나, 내 몸, 내 것이라고 착각한 나머지 이기심이 일어나 탐욕하게 되고 그 욕구가 충족되지 않으니 화를 내게 되고, 탐내고 화를 내어도 이루어지지 않으니 나만 이롭다면 어떠한 일도 저지르고자 하는 어리석음이 일어나 한량없는 고통을

나누는 당신, 이미 행복이니

자초한다.

이렇게 자기만 이롭고자 하는 삼독심을 일으켜 악업만을 쌓아 태어난 중생에게는 생로병사라는 근본 고통과 애별이고(愛別離苦), 원증회고(怨憎會苦), 구부득고(求不得苦), 오음성고(五陰盛苦) 등 끼어드는 네 가지 고통, 즉 팔고(八苦)가 있다.

생자필멸(生者必滅)이라, 태어난 자는 누구든지 반드시 죽는다. 생겨난 것은 무엇이든지 반드시 소멸된다. 이 일은 중생 된 자는 누구도 면할 수 없는 철칙이다. 그러므로 나고, 늙고, 병들고, 죽는 것을 중생 근본 고통이라 하는 것이다. 그 외 네 가지 고통은 잘하면 면할 수도 있는 것들이기에 끼어든 고통이라고 한다.

이렇게 보면 산다는 것 자체가 온통 고통의 늪이다. 그러니 이 세상을 고해(苦海)라 하는 것이다.

그렇다면 인간은 영원히 행복할 수 없는가?

당연히 행복할 수 있다. 근본 고통인 생로병사를 해탈하는 것이 그 최상의 해결책이다. 생사 없는 자리를 증득하면 근본 고통은 사라지고, 사랑하는 사람을 만들지 않으면 헤어지는 고통은 없을 것이며, 미워하는 사람을 만들지 않으면 껄끄러운 만남은 없을 것이고, 분수없이 얻으려 하지 않으면 다 뜻과 같이 될 것이며, 중생의 몸이 없으면 고뇌는 없을 것이다. 이 여덟 가지 고통을 면하기 위해선 마음을 바꾸지 않으면 불가능하다. 그러나 마음 바꾸는 일이 말처럼 그리 쉬운 일이 아니다.

우주에는 성주괴공이 있고, 중생에게는 생로병사가 있다.
아무도 막지 못하고 면하지 못한다.
이것은 우주의 떳떳한 도리이니 즐겁게 받아들여라.
생(生)도 즐기고, 사(死)도 즐겨라.
생이 삶의 한 과정이라면 사 역시 삶의 한 면인 것을.

어떻게 무엇을 기준으로 하여 바꿀까?

부처님과 성인의 가르침에 의지할 일이다.

부처님께서는 놓아 버려라 하셨고, 공자님은 적은 욕심으로 만족할 줄 알라 하셨으며, 예수님은 가난한 자가 행복하다 하셨다.

같은 의미의 가르침이다. 부처님의 말씀이 훨씬 넓은 의미가 담겨 있음은 물론이다.

두 분의 말씀이 보통 행복을 얻는 가르침이라면, 부처님의 말씀은 보통 행복은 물론 불멸의 행복을 얻는 가르침이라 할 수 있는 말씀이다.

그러면 재·색·식·수·명이 없는 자가 행복한가? 있는 자가 반드시 행복한가? 아니면 아무것도 없는 자가 반드시 행복한가? 그렇지 않다. 없는 자는 가지고자 하는 고통이 있고, 가진 자는 더 가지고 싶고, 이미 쌓아 놓은 것을 잃지나 않을까 염려하는 고통이 있다.

행복은 가졌거나 가지지 못한 데 있지 않다. 자신의 의식 여하에, 가치관 여하에 따라 행과 불행이 결정된다. 행복하기 위해서는 의식의 대전환이 필요하다. 가치관의 재설정이 필요하다.

우선 중생 욕망은 채우려 하면 할수록 더욱 커져서 아무리 채우려 해도 채울 수 없는 속성을 지니고 있음을 파악해야 한다.

그러면 성인들의 가르침을 어떻게 이해할 것인가?

나누는 당신, 이미 행복이니

세상 사람들에게 부처님께서 '버려라', '비워라', '놓아 버려라' 하신 말씀을 소개하면 고개를 끄떡이다가 '다 버리면 어떻게 사느냐'고 반문하고 항의한다. 그러면 나는 '묻지 말고 버려 보라', '비워 보라', '놓아 보고 말하라' 한다. 물을 마셔 보지 않고 어찌 그 물맛을 알겠는가? 포기하라는 말이 아님을 깨닫게 될 것이다.

예수님의 '가난한 자가 행복하다'는 말은 공자님의 '작은 욕심으로 만족할 줄 알라'는 말과 같은 의미일 것이다. 역시 탐욕을 경계한 말씀이다.

공유할 줄 아는 것, 공유(共有)의 개념이다. 공유의 개념만 가져도 보통 행복은 향유하게 된다. 적어도 오욕락에 있어서는 그렇다.

중생 근본 고통이라고 하는 생로병사의 문제를 살펴보자.

생자필멸, 태어난 자는 누구나 죽는다. 생겨난 것은 모두 소멸된다.

태어나서 성장하는가 싶더니 늙어 가고, 병들어 가며, 끝내는 죽음을 향해 간다. 어느 것이고 생겨나면 잠시 그 모습이 유지되는 듯하지만 실상은 계속 변화하여 영원한 것은 없다. 그래서 세상은 덧없다. 무상하다. 원래 그런 것이다.

원래 그런 것을 그렇지 않은 것으로 착각하여 더 가져 보려고, 영원히 늙지 않고 잃지 않으려 발버둥치며 시궁창, 가시밭 길을 마다 않고 헤매니 불쌍하기 그지없다.

우주에는 성주괴공이 있고, 중생에게는 생로병사가 있다. 아무도 막지 못하고 면하지 못한다. 이것은 우주의 떳떳한 도리이니 즐겁게 받아들여라. 생(生)도 즐기고, 사(死)도 즐겨라. 생(生)이 삶의 한 과정이라면 사(死) 역시 삶의 한 면인 것을…….

흔히 그렁저렁 살아가고 있다고 말하는데 이 말은 그 의미를 알고 하는 말이든 모르고 하는 말이든 삶에 대한 정확한 표현이다. 태어난 자는 죽음을 향해 가는데 죽음 또한 삶의 한 단면이기에 늘 살아가고 있는 것이다. 이 세상의 어떠한 존재에 있어 죽음은 없다. 없어지는 것도 없다. 끊임없이 순환하고 변화할 뿐. 그러니 알고 하든 모르고 하든 살아가고 있다는 말은 틀린 말이 아니다.

이렇게 생로병사를 받아 즐기면 자기 자신도 우주의 떳떳한 도리 속에 있는 많은 존재 가운데 하나임을 알게 되어 더 가지려 탐낼 것도, 뜻대로 안 된다고 화낼 일도, 못된 계략을 꾸밀 일도 없어 근심도 걱정도 없어지리니 고통인들 있겠는가?

그러면 끼어든 네 가지 고통은 어떠한가?

우선 친하거나 친하지 않거나 한 감정을 가지지 말라. 모름지기 친소(親疏)를 떠날 일이다. 친소를 떼어 버린 사람은 사랑하는 사람도 만들지 않으며, 미워할 사람도 두지 않는다.

그러니 헤어지는 고통인들 있을 것이며, 어찌 두려운 만남이나 고통스러운 만남이 있으랴.

분수 밖의 것을 구하지 말라. 얻지 못할 것이 없으리라. 나,

나누는 당신, 이미 행복이니

내 몸, 나의 것이 없음을 알라. 이 의식도 이 육신도 참된 것이 아니다. 모두 인연에 의해 있는 듯 보여 진짜로 있는 것으로 착각하는 것이다. 참나는 사랑도 아니며 미움도 아니다. 필요한 것은 늘 그대로 있다. 나, 내 몸 또한 있는 것이 아니다. 그러니 그 무엇에도 집착하지 말라. 평등심을 가져라. 다만 자비심을 일으켜 나만 잘살면 그만이라는 이기심을 되돌리고, 세상을 구하겠다는 원대한 욕망을 가져라.

나보다는 가족을, 가족보다는 이웃 사회를, 그리고 전 우주의 생명을 먼저 살펴라. 남이란 없다. 남이란 없으므로 애당초 혼자 가지고 누릴 마음조차 없다. 밉고 고울 일도 없으며 탐·진·치를 일으킬 이유조차 있을 리 없다.

이기적일 때 온갖 탐욕과 삿된 소견과 비행이 생겨 자신을 속박하니 이기심은 불안과 불행의 씨앗이다. 모든 존재는 하나 이기에 떨어져 개체적 삶을 살고자 하면 괴롭다. 소아적일 때 불행하다.

이타적일 때 더욱 원대하고 멋진 소견과 공명정대한 노력이 이루어져 자기의 울타리를 벗어나니 행복하다. 전체적이고 우주적일 때 편안하고 행복하다. 대아적일 때 행복하다. 전체적·우주적·대아적이란 모든 존재의 본래자리라는 말이다. 본래자리 본래고향은 안온한 것이다.

우리 모두 본래자리로 돌아가야 한다.

자타불이(自他不二) 물아일여(物我一如), 한 꽃이요 한 몸이다.

자타불이(自他不二) 물아일여(物我一如)
한 꽃이요 한 몸이다.
나와 너는 둘이 아니며
모든 존재와 나는 같은 바탕이니
하나의 꽃이고 한 몸인 것이다.

나와 너는 둘이 아니며, 모든 존재와 나는 같은 바탕이니 하나의 꽃이고 한 몸인 것이다.

개체에서 전체로, 소아에서 대아로, 이기에서 이타로, 의식의 대전환, 의식 개벽을 이루어야만 진정한 행복은 이루어진다.

그러한 그대!
그대는 이미 행복이다.

나누는 당신, 이미 행복이니

• 사진ⓒ 영평사, Shutterstock

나누는 당신, 이미 행복이니

초판 1쇄 펴냄   2017년 4월 14일

지은이. 광원 환성
발행인. 이자승   편집인. 김용환
출판사업부장. 이상근   편집. 이송이, 김재호, 김소영
디자인. 이연진   마케팅. 김영관

펴낸곳. 아름다운인연
출판등록. 제300-2003-120호(2003.07.03.)
주소. 서울시 종로구 삼봉로 81 두산위브파빌리온 230호
전화. 02-720-6107~9 팩스. 02-733-6708
홈페이지. www.jogyebook.com

ⓒ 광원 환성, 2017

ISBN 979-11-955228-7-3 03220
값 15,000원